DO EXCESSO
AO EQUILÍBRIO

SAMUEL XAVIER
JUNIOR

DO EXCESSO

O que grandes mentes
e histórias nos ensinam
sobre viver bem

AO EQUILÍBRIO

Labrador

© Samuel Xavier Junior, 2024
Todos os direitos desta edição reservados à Editora Labrador.

Coordenação editorial Pamela J. Oliveira
Assistência editorial Leticia Oliveira, Vanessa Nagayoshi
Direção de arte e capa Amanda Chagas
Projeto gráfico Marina Fodra
Diagramação Emily Macedo Santos
Preparação de texto Iracy Borges
Revisão Dalila Jora
Imagens de miolo Vittória Real Xavier

Dados Internacionais de Catalogação na Publicação (CIP)
Jéssica de Oliveira Molinari - CRB-8/9852

Xavier Junior, Samuel
  Do excesso ao equilíbrio : o que grandes mentes e histórias nos ensinam sobre viver bem / Samuel Xavier Junior.
  São Paulo : Labrador, 2024.
  208 p.

  ISBN 978-65-5625-712-9

  1. Aforismos e apotegmas 2. Reflexões 3. Filósofos 4. Vida 5. Equilíbrio I. Título

24-4363   CDD B869.9

Índice para catálogo sistemático:
1. Aforismos e apotegmas

Labrador

Diretor-geral Daniel Pinsky
Rua Dr. José Elias, 520, sala 1
Alto da Lapa | 05083-030 | São Paulo | SP
contato@editoralabrador.com.br | (11) 3641-7446
editoralabrador.com.br

A reprodução de qualquer parte desta obra é ilegal e configura uma apropriação indevida dos direitos intelectuais e patrimoniais do autor. A editora não é responsável pelo conteúdo deste livro. O autor conhece os fatos narrados, pelos quais é responsável, assim como se responsabiliza pelos juízos emitidos.

À minha amada esposa, Regiane, e às minhas filhas, as irmãs "TT", Bettina e Vittória.

Prólogo

Primeiramente, muito obrigado por ler o meu livro! É uma ideia que tenho há muitos anos, e ver um projeto realizado é realmente motivo de grande alegria e orgulho!

Confesso que nunca gostei muito de prólogos, pois a ansiedade para começar a ler o conteúdo é grande, e desperdiçar tempo aqui sempre me incomodou, por isso vou ser breve.

Este livro é uma coleção de aforismos, que nada mais é que uma palavra elegante para frases curtas e destacadas que expressam uma ideia. Eu retirei esses aforismos de livros, filmes e documentários que me impactaram e me fizeram refletir sobre a vida. Alguns que citei: o maior *quarterback* de todos os tempos, Tom Brady; os filósofos Sócrates, Aristóteles, Epicuro, Daniel Klein, Albert Camus, Voltaire; o fundador da Nike, Phil Knight; o personagem Dr. Jekyll (aquele de *O médico e o monstro*); escritores renomados como Og Mandino, Milan Kundera, José Saramago, Yuval Harari e Dostoiévski; frases de personagens de filmes como Bob Harris, Bill Parrish e Forrest Gump, além de muitos outros. Eu vou comentar essas frases e dar a elas a minha interpretação, com base em minhas experiências pessoais e profissionais.

A ideia é que a leitura seja rápida, simples e objetiva; afinal, hoje em dia, alguma coisa ou assunto, para nos atrair, tem que ser obrigatoriamente objetivo. Acredito que por esse motivo a leitura de livros está cada vez mais em baixa, não só no Brasil, mas em muitos outros lugares do mundo. Quando olhamos um livro de quinhentas páginas, não importa muito o assunto, mas de início rejeitamos. Eu vejo hoje muitos autores, psicólogos, cientistas, filósofos, escritores em geral, que tendem a complicar demais tudo, e não há nenhum problema com isso, mas minha grande meta aqui é que este livro não seja assim. Não há também uma ordem certa de leitura, o leitor pode abrir o livro em qualquer página e começar por onde e como quiser.

Não há aqui, categoricamente, nenhum propósito acadêmico, político, religioso ou social. Procurei ser neutro em meus comentários e fico aberto a discussões e interpretações diferentes. Não sou médico, filósofo (apesar de ter iniciado um curso de filosofia que ainda está em meus planos terminar), líder religioso, professor, nada; sou simplesmente um cidadão comum que quer dividir um pouco do que viveu com pessoas que se interessem pelo assunto: VIDA!

Percebi também, quando estava terminando o livro, que há um tema que prevalece nos textos: equilíbrio. Sem ele, nada funciona de modo correto, mas infelizmente o que vemos hoje é uma explosão da polarização, não só na política, mas em tudo. Todos querem conquistar a felicidade e o bem-estar (seja lá o que quer dizer isso), a qualquer preço, custe o que custar, seguindo suas próprias estratégias, desrespeitando regras básicas de crescimento e princípios éticos e morais. A famosa frase "você pode tudo" é uma armadilha terrível que tem causado grande dano à humanidade. Há ainda quem confunda equilíbrio com fraqueza ou estagnação, falta de ação ou, o que é pior, que equilíbrio é aceitar tudo e todos como se isso fosse uma atitude humanista: "Ninguém está errado, ou ninguém está certo, o que importa é o equilíbrio". Ledo engano.

Equilíbrio é saber fazer escolhas, cuidar da saúde física, mental e emocional, nutrir relacionamentos significativos, fugir dos excessos, deixar de buscar somente coisas materiais e exercer, como um hábito, atividades que proporcionem crescimento, felicidade e realização. Só assim podemos promover algo que traga satisfação pessoal verdadeira.

Realmente espero que este livro possa falar com você, leitor; e se pelo menos um de meus textos for capaz de fazê-lo refletir sobre sua existência, eu me darei por satisfeito.

Pronto, chega de prólogo; e boa leitura!

"

Quanto mais você sabe quem é e o que quer, menos você deixa as coisas te aborrecerem.

— personagem Bob Harris, no filme
Encontros e desencontros.

Aos meus quase 57 anos, enquanto escrevo estas linhas, faço uma reflexão interessante com uma conta matemática que meu pai, professor universitário de cálculo por mais de meio século, faria com muito mais agilidade do que eu. O raciocínio é simples, cheguei na reta final da vida e, pela média humana, devo viver entre vinte e trinta anos mais. Triste pensar assim? Definitivamente, não! Afinal, o que é vida? Por milhares de anos, os filósofos explicam e ponderam sobre seu significado, mas uma análise objetiva define a vida como o intervalo de tempo entre seu nascimento e sua morte, simples assim. A única certeza que todos nós temos é que nascemos, vivemos e morremos, uns mais e melhor, outros menos e pior, uns menos e melhor, outros mais e pior, e assim a vida se descortina para todos. Cada novo dia começa com certezas e surpresas, nada é garantido, e isso nos impulsiona a continuar, ou desistir, correr, ou parar, ou precisar parar. Seja qual for a sua fé, ou a falta dela, a vida é sempre um recomeço diário. Por mais que nossa agenda esteja organizada, sempre há momentos de recálculo da rota, assim como nosso GPS faz quando erramos um caminho predeterminado. Esse recálculo pode ser prazeroso, educativo e feliz, ou penoso e tenebroso, mas tem que ser feito, a vida novamente nos surpreendeu. Quantas histórias temos para contar, compartilhar, reviver! Nossa vida é feita de memórias. As melhores viagens, as passagens engraçadas, os áridos aprendizados, momentos que sempre nos remetem a um mesmo pensamento: a vida nos faz amadurecer. Esse amadurecimento é bem-vindo e traz benefícios enormes para nós. Aprendemos a utilizar melhor o tempo e não desperdiçá-lo com atividades e pessoas que nos aborrecem. Ficamos mais seletivos e cultivamos coisas que nutrem a nossa alma, gastamos melhor nosso dinheiro, falamos menos e ouvimos mais. O final é que entendemos melhor quem somos e o que temos que fazer para evitar aquilo que nos oprime. As surpresas da vida sempre existirão, mas muitas podem deixar de nos surpreender totalmente, pois já vivemos coisas semelhantes e sabemos como lidar com elas. A maior de todas as surpresas, mas também a maior de todas as certezas, a morte, é inevitável; e nosso desejo constante é que um dia, bem distante, nossa boa vida termine com uma boa morte.

"

As filosofias existenciais divinizam aquilo que as oprime e encontram uma razão para ter esperança dentro do que as desguarnece.

— Albert Camus, no livro *O mito de Sísifo*.

Outro dia, estava ouvindo um interessantíssimo debate no Youtube entre o psicólogo e professor canadense Jordan Peterson e a psicóloga, escritora e conferencista britânica Susan Blackmore sobre a existência de Deus e a sua relevância para a humanidade. O mediador perguntou diretamente aos dois convidados o seguinte: Deus é realmente necessário para dar sentido à vida? Susan, convicta ateísta, respondeu imediatamente: não. Jordan, por outro lado, deu uma resposta intrigante sobre a relevância de Deus. Ele falou que na vida, baseado em um pensamento do psiquiatra suíço Carl Jung, o indivíduo tem uma hierarquia de valores, e seja lá o que ou quem estiver no topo dessa hierarquia, esse será o seu Deus. Não importa o que você seja, cristão, budista, muçulmano ou até mesmo um ateísta, sim, até mesmo os ateus que não creem em um Deus que possa ser nomeado acabam creditando o que acontece na sua vida ao ocupante do topo da hierarquia de valores, que pode até ser a própria pessoa, o ego. Esse conceito alinha-se com o que o também convicto ateu, o filósofo francês Albert Camus, fala em seu monumental ensaio *O mito de Sísifo*. O ser humano sempre encontra situações em sua vida, as quais não pode explicar. Alguns, que se sentem exageradamente desconfortáveis com isso, viram cientistas ou filósofos. A maioria das pessoas, entretanto, prefere divinizar aquilo que as deixa confusas, perplexas ou oprimidas. Vamos colocar um ser supremo no topo da hierarquia de valores da vida e deixar que ele guie nosso caminho e convença-nos de que tudo o que acontece conosco é para o nosso bem. Crer em Deus, ou simplesmente ter fé em algo que não se pode tocar, não é necessariamente um escapismo ou algo que se deva desaprovar ou menosprezar. Pode ser reconfortante, pode curar, fortalecer, revigorar e incentivar. Muitos ateus tempestuosos enchem os pulmões e dizem que acreditar em Deus é alucinação, insensatez, loucura total. Sem entrar no mérito das questões relacionadas aos efeitos danosos da religião na sociedade ao longo dos anos, deixando o coletivo de lado e pensando no indivíduo, a fé é, sim, um sentimento nobre que precisa ser respeitado. Nada de errado em deixar que a energia estabelecida no topo da hierarquia assuma o controle. São inúmeras as situações que demandam a fé em nossa vida, doenças, trabalho, emoções, tristezas e, por que não, alegrias também? Projetos concluídos, bens adquiridos, sonhos realizados, fenômenos naturais, clima, geografias deslumbrantes, quem não gosta de agradecer ao sobrenatural as bênçãos recebidas? Vamos julgar? Definitivamente, não. Eu gosto de um exemplo da Bíblia que pode ser aplicado metaforicamente aqui. Quando Jesus vai ressuscitar Lázaro, ele pede às pessoas que estão ali que removam a pedra que fecha o túmulo,[1] e somente depois de retirada a pedra ele chama Lázaro, que volta à vida miraculosamente. A lição é: o que está ao seu alcance fazer, faça, tire a pedra da frente do túmulo de Lázaro, isso você pode fazer. Agora, fazer alguém voltar a ter vida depois de morto, peça ao ocupante do topo da hierarquia que faça isso pra você. Será?

---

[1] Bíblia, João, 11:39.

> Experiência é supervalorizada. Algumas pessoas dizem ter vinte anos de experiência quando, na realidade, só têm um ano de experiência repetido vinte vezes.

— Stephen Covey

Eu sou aquele tipo de pessoa que adora falar a idade, tempo de trabalho na empresa, lembrar datas de longas amizades, enchendo-se de orgulho quando os números são cada vez maiores. Algumas pessoas, ao contrário, sentem-se desconfortáveis com esses assuntos e preferem deixar que o tempo fique subjugado nas mentes silenciosas de todos os que estão ao seu redor. Afinal, o que realmente é experiência de vida? Olhando de maneira simplista e rudimentar, é a somatória dos eventos, vivências e aprendizados que uma pessoa adquire ao longo do tempo, moldando assim suas perspectivas, valores e habilidades. Agora, na prática, são muitos os fatores que influenciam a experiência de vida: como muitos jovens que começam uma família e todas as responsabilidades inerentes a ela cedo demais; as religiões que, via de regra, perpetuam dogmas que limitam o crescimento e a visão das pessoas; falta de dinheiro para o sustento básico que acaba forçando uma vida focada apenas no trabalho exaustivo, sem a possibilidade de busca de outras atividades prazerosas e educativas. O excesso de dinheiro pode também interferir negativamente na construção do caráter e da integridade. Saúde precária, vícios, guerras e outras muitas situações e eventos igualmente podem influenciar a experiência de vida. Chegando aos 60 anos, observo que, mais frequentemente do que se imagina, há gente que olha para trás e subitamente descobre que a sua experiência de vida é tênue, enfraquecida, desprovida de ousadia, grandes aventuras e novas descobertas. Acaba sendo comum ver pessoas com mais idade frustradas, deprimidas e amortecidas. As redes sociais mais uma vez exercem nesse momento um papel nocivo, pois exibem vidas cheias de sucesso e brilhantismo. Vale refletir sempre sobre o que temos feito em nossa vida, independentemente dos fatores que influenciam nossas experiências, mas qual caminho temos escolhido? A proteção, a tranquilidade, a segurança, ou a ousadia, os desejos, a paixão e os reais interesses? A frase de Stephen Covey pode ser inserida não só no contexto profissional, mas no pessoal também. Como está a sua vida? Repetitiva e enfadonha ou dinâmica e bem-sucedida? Primeiro, pergunte a si mesmo se essa é a sua visão ou é também a visão daqueles com quem convive, porque muitas vezes nossa auto-observação é muito rigorosa ou muito míope e nos impede de perceber quem estamos sendo na verdade. Seja responsável, respeite as leis, pague seus impostos, administre bem seu dinheiro, cuide dos seus filhos e daqueles que você ama, mas viva também suas paixões, aprenda coisas novas, toque um instrumento exótico, como o handpan, cante mais no chuveiro, viaje, exercite seu corpo, aprenda um novo idioma, pare de falar um pouco e medite mais; lembre-se de que ninguém é insubstituível, e quando você se for e parar, o mundo não vai parar também.

"

Quando permanecemos como um produto da nossa cultura, não podemos nos elevar acima de seus valores.

— Daniel Klein, em *O livro do significado da vida.*

As gerações Z e Alpha que me perdoem, mas como um autêntico e carimbado geração X me reservo o direito de dizer que o mundo ficou chato em muitos aspectos. Nos últimos anos, a gente vê um colapso de criatividade e originalidade em tudo. Os filmes não são mais originais, só têm sequências intermináveis, 1, 2, 3, 5, 8, pasmem, 10! Ou releituras dos originais, remasterizados, *live action*, filmes invertidos, agora sob a perspectiva dos vilões que acabam virando mocinhos, enfim, é muito difícil encontrar algo realmente novo e original. Os livros deram lugar aos celulares, os telefonemas viraram coisa de gente inoportuna que insiste em incomodar com suas vozes irritantes ao vivo em vez de enviar uma confortável e silenciosa mensagem de texto ou até mesmo uma mensagem de voz que se pode ouvir e responder quando for mais conveniente. Quem tem filhos mais novos sabe que eles preferem falar pelo celular mesmo quando estão juntos, *in loco*. Aí entra um elemento ainda mais nivelador que é a rede social. Nela, a realidade virtual impera. Tudo funciona perfeitamente bem e, mesmo quando não funciona, há algo de controlado ali. Quem teve a oportunidade de assistir ao documentário *The Social Dilemma* ("O dilema das redes" no Brasil), entendeu que, dito pelos próprios criadores das redes, o objetivo delas é o controle. Controle de você, das suas preferências, das suas paixões, seus pecados, suas extravagâncias e seus desejos. Para quê? Lucro, seja ele monetário, político, religioso ou social. Tudo é *free*, mas o preço no final é altíssimo e o gestor do cartão de crédito, o político e o líder religioso agradecem diariamente a existência delas. Não quero ser o moralista contumaz aqui, mas o fato é que a rede social estupidifica a sociedade. Aplica-se aqui o triste fenômeno da mentalidade de rebanho, todos seguindo o comportamento, opiniões, gostos e produtos de um pequeno grupo dos denominados influenciadores. Não há mais análises, validações, reflexões ou críticas. Simplesmente, todos acabam seguindo o que alguém falou e determinou que é bom pra todos.

O sempre bem-vindo escritor e filósofo americano Daniel Klein escreve de maneira implacável e indelével que, quando somos um produto da cultura vigente, não podemos nos elevar acima de seus valores. Isso significa que devemos deixar de ser simplesmente produtos que são conduzidos para todos os lados, ao bel-prazer de um grupo mínimo de cérebros programados para controlar e dominar. Não seja você mais um influenciado por eles. Não mortifique seus desejos, suas peculiaridades, não tenha vergonha de ser quem você é e de romper com o sistema vigente e opressor das redes sociais. Leia mais livros, veja mais filmes clássicos, ouça mais músicas instrumentais, desligue seu celular mais cedo e ligue-o mais tarde. Não resuma sua vida, sua exclusiva vida, tornando-se o subproduto de um sistema corrompido e degenerado. Você é muito mais do que isso, acredite!

"

É preciso saber quando brigar e, por fim, é preciso saber quando a batalha é desgastante demais pra você.

— Tom Brady, no documentário "Man in the Arena".

Quando assisti ao documentário "Man in the Arena" e ouvi o incrível GOAT Tom Brady falando essa frase, tive na hora a certeza de que seria mais uma a entrar em minha lista de favoritas para este livro. Na linguagem que estamos mais acostumados em nosso dia a dia, seria o famoso "não dê murro em ponta de faca". Quem me conhece no trabalho ou na vida pessoal sabe que eu sigo esse lema. Principalmente no mercado corporativo, no qual atuo há mais de trinta anos, não adianta querer mudar uma regra estabelecida, o famoso *it is what it is* que os americanos repetem com tanta frequência. Fui por muitas vezes tachado de reativo, ou medroso, que não enfrenta uma boa briga, mas o tempo me ensinou que há batalhas que são desgastantes demais para nós e não vão nos levar a lugar nenhum. Melhor arrefecer e ceder, ponto final. No caso em questão, Brady acabou se envolvendo em uma polêmica chamada *Deflategate*, em que a NFL, a Liga de Futebol Americano, em 2015 o acusava, entre outros, de murchar as bolas para que a pegada fosse melhor, constituindo assim uma violação das rígidas regras da Liga. Vendo entrevistas dele na época do processo, é perceptível o seu semblante cansado e desgastado, oferecendo sem resistência e em silêncio sua imagem e história para que fossem detratadas pela mídia e pela intransigente opinião pública. Apesar de ter recebido suspensões que foram anuladas posteriormente, o caso foi encerrado. Na nossa vida, diariamente somos desafiados em grandes ou pequenas situações de conflito em que precisamos apresentar as armas e partir para o ataque, ou não. É importante avaliar todo o cenário, deixar as emoções de lado e entender o que realmente está acontecendo. O padrão mais apregoado e louvado hoje é que você deve enfrentar os desafios com coragem e resiliência; desistir, jamais! Verdade? Nem sempre. Há momentos em que o recuo é a melhor estratégia. Até mesmo o grande imperador Napoleão, na Batalha de Leipzig,[2] em 1813,

---

2 *As Guerras de Napoleão*, de Charles Esdaile.

recuou diante da poderosa e pujante Sexta Coalizão, que incluía potências europeias como Rússia, Prússia, Áustria e Suécia, todas fortalecidas e ávidas por conter a expansão do Império Francês. O imperador, um dos maiores estrategistas de guerra de todos os tempos, decidiu recuar, não havia como prosseguir diante das dolorosas baixas sofridas por sua *La Grande Armée* ante o poderosíssimo inimigo. O exemplo pode ser exagerado, mas as batalhas diárias da vida devem nos levar sempre à reflexão, precisamos saber se vale a pena continuar, se o bônus será melhor que o ônus e vice-versa. Longe de mim incentivar o caro leitor que desista de suas batalhas! Nunca! Seja resiliente, estoico, ousado, audacioso e perseverante, mas não desperdice seu tempo e esforço em causas ilegítimas e demasiadamente desgastantes. Aprecie ocasionalmente o exercício do *it is what it is*, acredite, vale a pena.

"

A sorte desempenha um grande papel em tudo isso. Sim, eu gostaria de reconhecer publicamente o poder da sorte. Atletas têm sorte, poetas têm sorte, empresas têm sorte. O trabalho é árduo e fundamental, uma boa equipe é essencial, cérebros e determinação são inestimáveis, mas a sorte pode decidir o resultado. Algumas pessoas podem não chamar isso de sorte. Elas lhe dão o nome de Tao ou Logos, ou Joana, ou Dharma, ou Espírito, ou Deus.

— Phil Knight, no livro *A marca da vitória*.

Minha primogênita, Bettina, me presenteou com este livro grandioso, sensacional e delicioso de ler. A autobiografia do fundador da Nike, o *portlander* Phil Knight. Se ainda não teve a oportunidade de ler, meu caro leitor, não perca mais tempo, é uma obra inesquecível para ser lida diversas vezes. São histórias incríveis de viagens, pesquisas, estratégias, alegrias, vitórias e derrotas. O mais cativante no texto de Phil Knight é a simplicidade das palavras, mas principalmente a sua própria simplicidade como pessoa. Ao final do livro, já no momento dos agradecimentos, ele solta essa frase singular, reconhecendo publicamente o poder da sorte em sua trajetória. Há quem repudie o poder da sorte na vida, eu não sou um deles. Em uma visita a um amigo de longa data, presidente de uma empresa de tecnologia, conversávamos sobre nossas equipes de vendas. Durante o papo ele me disse: "a Márcia saiu da empresa, ela é uma excelente vendedora, tem tudo o que precisa para exercer a atividade, só falta uma coisa a ela, sorte". Fiquei chocado ao ouvir isso tão explicitamente, mas com o passar dos anos vejo que meu amigo tinha razão. Sorte é, sim, um elemento que precisa estar presente em nossa vida. Em nossa hierarquia de valores, provavelmente não consideramos honesto colocar a sorte em qualquer patamar, entretanto, devemos, sim, reservar a ela um espaço de destaque. Não sugiro aqui ao leitor que, ingenuamente, tenhamos a sorte como única estratégia em nossa vida, mas que possamos, sim, livremente e sem culpa, considerá-la uma aliada ao trabalho e empenho inerentes ao indivíduo que busca seu bem-estar. Phil Knight sugere até mesmo que muitos a consideram o divino, a energia ou o próprio Deus. Vemos a sorte prevalecer em diversas situações em nosso cotidiano; pense um pouco em acontecimentos, circunstâncias, êxitos e fracassos que ocorreram em sua vida e analise com cuidado onde a sorte, ou a falta dela, exerceu o seu papel. Sempre digo à minha esposa Regiane que ela me traz sorte! Nada substitui o empenho, a persistência, o aprendizado, a responsabilidade e o trabalho árduo e contínuo de uma pessoa que busca as suas realizações, mas lembre-se sempre de que existe um elemento adicional a ser considerado, a sorte. Não se envergonhe nem se afaste desse pensamento. Se alguém o questionar, diga que se até mesmo o grande Phil Knight a considerou em sua meteórica história de vida, por que não você, como eu, meros mortais, não podemos nos desejar boa sorte?

"

Perguntai a um sapo o que é a beleza, o supremo belo, o to kalón (o belo). Responder-vos-á ser a sapa com os dois olhos exagerados e redondos encaixados na cabeça minúscula, a boca larga e chata, o ventre amarelo, o dorso pardo.

— Voltaire (definição de "belo", "beleza", do *Dicionário filosófico*).

Evoluímos muito, como sociedade, na propagação da beleza. Comuns hoje são os anúncios de produtos ou marcas que não privilegiam raça, cor, porte físico ou etnias. Todos têm o seu lugar e têm que ser respeitados por isso. Foi-se o tempo em que corpos humanos considerados perfeitos eram exclusivamente selecionados para serem exibidos em anúncios espalhados pelos meios de comunicação, outdoors e displays ao redor do planeta. Problema resolvido? Não necessariamente, pois insiste em imperar, ainda que de maneira velada, sobretudo nas redes sociais, a chamada ditadura da beleza. Afinal, o que é o belo? Segundo o filósofo francês François-Marie Arouet, mais conhecido pelo pseudônimo Voltaire, a beleza está nos olhos de quem vê. Quem vai questionar o sapo sobre a sapa com seus traços exagerados não ser a mais bela de todas? Fomos treinados e conduzidos a padronizar a beleza e reconhecê-la apenas dentro de parâmetros decretados pelo establishment. A busca do padrão perfeito de beleza ainda traz um grande fardo para as pessoas; o julgamento, infelizmente, ainda prevalece em muitas situações, e isso deve ser combatido. Não só em nosso biótipo, mas igualmente nas artes. Eu sou músico e confesso que preciso trabalhar meus conceitos e avaliações sobre o que a música oferece nos dias de hoje. Johann Sebastian Bach (1685-1750) foi um dos maiores compositores musicais da história, e mesmo quem diz não gostar, ou não se interessa por música clássica, já ouviu falar dele e, ainda que sem saber, conhece algumas (ou muitas) melodias de seu vastíssimo repertório. Uma das mais tocadas e comoventes composições de Bach é uma ária, o segundo movimento da Suíte nº 3 em Ré Maior. Para muitos músicos e entusiastas, trata-se da melodia mais bela já escrita. Sob a luz da filosofia da arte, a estética, poderíamos dizer que essa ária de Bach é universalmente considerada bela? Certamente, não. A razão é simples, belo é aquilo que está nos olhos e nos ouvidos de quem vê e ouve, é uma experiência exclusiva, que move e impulsiona cada um de nós, individualmente. O belo, como vemos na reflexão de Voltaire, "é extremamente relativo", não é necessariamente universal, mas condiciona-se a culturas, épocas, posições sociais, geografia, clima e muitos outros fatores que transcendem o padrão universal. Certamente Bach, com toda a sua genialidade, seria forte e vigorosamente vaiado se tocasse a tão bela ária para uma frenética plateia de aficionados por heavy metal. Quem deve prevalecer como o correto? Nenhum dos dois, mas o que prevalece é a percepção da beleza para quem vê e ouve. Que todos nós possamos evoluir cada vez mais nessa percepção, respeitando as artes e as pessoas com suas perfeitas imperfeições, como diz a música "All of Me", de John Legend.

"

Não estrague o que você tem desejando aquilo que não tem; lembre-se de que o que você tem agora esteve um dia entre as coisas que você só esperava conseguir.

— Epicuro

Na Grécia Antiga, uma filosofia colocava o prazer e a busca pela felicidade como o valor supremo na vida. Basicamente, o hedonista maximiza o prazer e minimiza a dor. É uma abordagem que pode ser, no mínimo, perigosa, mas que atrai muitos adeptos, principalmente os jovens. Como não ser seduzido por essa linha de pensamento em que o prazer deve estar acima de tudo? Dentre os seguidores dessa filosofia, estava Epicuro; entretanto, pode-se dizer que ele era um hedonista light, pois tinha uma maneira mais tranquila e moderada de buscar o prazer, por meio de conceitos como a ataraxia (ausência de perturbação mental) e pela amizade como elementos essenciais para uma vida feliz. Podemos dizer em palavras de hoje que Epicuro era um cara zen. A frase que eu escolhi para este texto exemplifica bem o perfil desse hedonista suave e adapta-se perfeitamente aos nossos dias. Afinal, quem nunca se pegou desejando coisas que ainda não tem, deixando de lado coisas que já tem? O sentimento de gratidão é quase sempre substituído por grandes apetites, ambição e ganância. Hoje o que se preconiza é isso, seja ambicioso, queira sempre o melhor, você merece, você pode! Eu me lembro em minha infância de que as coisas não eram assim, nós valorizávamos mais o que tínhamos. Meus pais sempre foram extremamente cuidadosos com nossa família e sempre tivemos de tudo, ou melhor, sempre tivemos o essencial e éramos gratos por isso. Por diversas vezes me pego revivendo momentos dessa infância, coisas aparentemente simples, como um novo liquidificador que chegava em casa. Eu apreciava aquilo, era algo estimado, considerado, prestigiado. Talvez eu não entendesse muito o valor monetário das coisas, mas entendia, sim, que era algo importante para nossa família, e isso me alegrava. Quando vamos ficando mais velhos, aprendemos a valorizar mais tudo, desde algo simples que compramos, passando pelos filhos que criamos, os bens que adquirimos, a saúde que sempre procuramos (ou deveríamos procurar) manter. Para os jovens pode ser mais difícil esse sentimento, porque sempre querem mais, e não há nada de errado nisso, mas é fundamental que já desde a tenra idade aprendamos a ser gratos pelo que temos e não nos esqueçamos disso em detrimento de alguma coisa ou situações que desejamos. Epicuro ainda diz que devemos ter em conta que o que temos hoje um dia foi desejado por nós e nos custou conseguir, seja trabalho, dinheiro, estudo, foi uma conquista e deve ser sempre celebrada. Queira, sim, progredir sempre, mas os degraus devem ser subidos um por um, sem atalhos. Assim, o sabor da conquista será mais prazeroso. Se ainda não teve a oportunidade de conhecer mais sobre esse filósofo zen, leia mais sobre Epicuro, vale a pena.

"

Esperei com paciência e enquanto esperava apliquei estes princípios como me foi permitido fazer. Com sua sabedoria tornei-me o que muitos chamam de 'o maior vendedor do mundo'.

— personagem Hafid, no livro *O maior vendedor do mundo*, de Og Mandino.

O meu livro favorito de todos os tempos não poderia ficar de fora desta seleção de aforismos. Se o caro leitor ainda não teve a oportunidade de ler *O maior vendedor do mundo*, por favor, faça-o o quanto antes. Eu falo com minhas filhas que, quem quiser ser bem-sucedido em tudo na vida, precisa ler esse livro. O cenário é tenso, Hafid, um riquíssimo comerciante, fala com seu guarda-livros, Erasmo, e faz a ele um pedido inesperado, que ele contabilize o que há em seus depósitos, converta em ouro e venda tudo! Isso durante seu momento mais lucrativo. Erasmo, incrédulo, não entende o que o seu patrão pretende com isso, mas depois as coisas começam a ser reveladas e, por fim, chegam a um pergaminho secreto que contém dez ensinamentos que Hafid aplicou durante toda a sua vida e que o tornaram o maior vendedor do mundo. Não vou aqui privar o nobre leitor de descobrir e avaliar por seus próprios olhos e méritos o que diz cada pergaminho e as conclusões de Hafid, mas vejo que esse livro, que foi um estupendo best-seller, publicado inicialmente em 1968 pelo ítalo-americano Og Mandino — com suas poucas páginas, vendeu mais de 50 milhões de cópias e foi traduzido para mais de vinte idiomas, além de ser utilizado por multinacionais gigantes e por pessoas de alta importância no cenário mundial —, hoje é esquecido nas prateleiras. Pergunto-me o porquê e consigo entender um pouco das razões pelas quais essa linda obra não faz mais o retumbante sucesso que já fez um dia. O livro fala sobre amor, persistência, ação imediata, ser dono das emoções, rir do mundo, formar bons hábitos e tornar-se escravo deles, considerar--se o maior milagre da natureza, saudar cada dia com amor e humildade no coração e ter fé. São princípios, dogmas, verdades que caem no esquecimento, dando lugar para o imediatismo, o ganho fácil, aumento de seguidores, atalhos, esbanjamento de ideias, ostentação e onipotência. As pessoas hoje não querem mais "desperdiçar" tempo, tudo tem que acontecer rápido, não há mais tempo para nada; leitura, agora, só de resumos, a inteligência artificial vem pra "agilizar" ainda mais tudo. Mas por quê? O que aconteceu com a paciência, a perseverança, a impassibilidade, a serenidade e o equilíbrio? Para onde vamos com tanta pressa? Por que tudo precisa ser resolvido já? Por que não refletimos mais antes de agir? A impressão que tenho quando estou no trânsito é que todos precisam chegar antes, nos primeiros lugares, e para isso ofendem, atacam, aceleram e xingam. Por quê? A lição que nos deixa Og Mandino e seu herói Hafid é que, como já havia dito o filósofo Sócrates há quase quatrocentos anos antes de Cristo, é que uma vida sem reflexão não vale a pena ser vivida. Hoje, as pessoas se consideram "bem-sucedidas" tendo aquilo que não precisam, com o dinheiro que não têm, para agradar quem não gostam. Todos são exclusivos, *black credit cards* que nunca aceitam não como resposta. Sim, no fundo são vazios, superficiais e tolos. Que consigamos superar essa crise de imediatismo e esvaziamento olhando para exemplos de vida, como a do maior vendedor do mundo: Hafid.

"

No dia seguinte ninguém morreu. O facto, por absolutamente contrário às normas da vida, causou nos espíritos uma perturbação enorme.

— José Saramago, no livro
As intermitências da morte.

Imagine que um dia, ao acordar, você começa a ler notícias de que ninguém no planeta Terra morreu. Os incidentes continuam a acontecer, mas ninguém morre, um idoso ainda no hospital com falência múltipla de órgãos segue respirando. Um acidente de uma motocicleta que bate frontalmente contra um caminhão deixa um jovem totalmente quebrado e ferido fatalmente, mas segue com vida. A morte decide parar por um tempo, não funciona mais. Assim, o português José Saramago desenvolve sua reflexão sobre um mundo sem morte. O que poderia parecer uma bênção para a humanidade acaba se tornando um caos terrível, uma interrupção do ciclo da vida que nos leva a pensar a respeito de questões profundas sobre a sociedade e a natureza humana, e as implicações filosóficas, sociais e existenciais são enormes. Há quem diga que ler Saramago é difícil por seu estilo de pontuação incomum, mas ler esse notável autor português é como se jogar em um mar profundo, sabendo que vai conseguir nadar, emergir e submergir no momento certo, criando uma sensação incrível de envolvimento com o texto. Se o leitor ainda não teve a oportunidade, leia Saramago, não se deixe levar por comentários negativos a respeito dele. É uma leitura peculiar, acredite. Enfim, um mundo sem morte, em um primeiro momento, abre uma discussão interessante, afinal, o homem sempre busca viver mais, e há quem seja adepto da imortalidade, pois morrer seria uma interrupção brusca da sequência de eventos que desenham nossa vida. A morte sempre causa aversão a todos, não há quem goste de falar sobre ela, considerá-la, aceitá-la. Durante a pandemia da covid-19, todos nós ouvíamos estupefatos e boquiabertos a quantidade de mortos por dia e isso causava grande inquietação e medo. Ainda de acordo com Albert Camus, no seu *O mito de Sísifo* ele faz um ensaio sobre o absurdo da existência. Ele considera que a existência humana sempre se confronta com os absurdos do mundo e há três saídas para resolver esse conflito. Primeira, o suicídio (a vida não tem sentido, portanto, não vale a pena ser vivida).

Segunda, divinizar aquilo que não se pode explicar ou solucionar, dando assim o salto da fé; já que tudo é absurdo e irracional, por que não praticar a irracionalidade radical da religião e da fé para ter algum conforto na vida? Terceira saída, aceitar o absurdo disso tudo, mas seguir em frente, tendo a liberdade de criar o seu próprio sentido e destino, criar sua vida a partir do zero. Qual das três saídas você escolheria? Novamente, a morte, inúmeras vezes, serve como solução, seja para o suicida inconformado ou para o doente terminal, ou para o idoso que já viveu seus dias suficientes na Terra. Em contrapartida, a morte não é bem-vinda quando leva alguém antes da hora, uma filha antes do pai, um jovem ainda iniciando seus passos na vida, mas a história de cada um fica para sempre. O caro leitor, certamente, já ouviu a ideia do que deveria ser colocado na lápide do seu túmulo? É um exercício que parece mórbido inicialmente, mas que pode ser uma excelente maneira de fazer uma autoavaliação. Afinal, o que eu representei para o mundo e para as pessoas que amo?

"

Todos os seres humanos tal como os conhecemos são compostos de uma mistura de bem e mal. Fui me aproximando inexoravelmente da verdade cuja descoberta parcial condenou-me a tão medonha derrocada: que o homem não é verdadeiramente um, mas dois.

— personagem Dr. Henry Jekyll, no livro *O médico e o monstro*, de Robert L. Stevenson.

A horripilante história de *O médico e o monstro* já inspirou filmes, peças de teatro, musicais e sempre esteve presente na literatura internacional e acadêmica. Um médico austero e respeitado que, intrigado pela dicotomia da vida humana na sua constante luta entre o bem e o mal, inventa uma poção química que o transforma no maldoso Sr. Edward Hyde. O interessante é que o médico não faz isso somente para exercer a maldade, mas pela liberdade, pela emoção e pelo puro divertimento de deixar de lado a seriedade e a austeridade e fazer o que vier à cabeça, sem nenhum sentimento de culpa ou remorso. Como esperado, o processo perde o controle, e eu deixarei que o caro leitor, caso ainda não tenha tido a oportunidade, leia mais esse clássico da literatura que ultrapassa gerações e ainda permanece como uma obra encantadora. Agora, o médico e o monstro abrem uma discussão filosófica para lá de intricada. Quem nunca teve vontade de simplesmente jogar tudo para cima e deixar a vida levá-lo para onde quisesse? Colocar as reponsabilidades, os horários, as obrigações, os compromissos, os chefes e chefas de lado e soltar a franga como dizemos informalmente? Claro que tudo tem um preço, e aqui entra uma palavra-chave que deve nortear nossa vida: equilíbrio. Parece simples, mas não é. Ser uma pessoa equilibrada é desafiador e trabalhoso. Tudo tem que ser ponderado, refletido, analisado; sim, é cansativo, mas necessário. Veja por este lado, nós humanos somos relativamente jovens, os primeiros Homo Sapiens apareceram há 200, 300 mil anos, e o início da civilização é geralmente associado ao surgimento da agricultura, por volta de 10.000 a.C. Parece muito, mas não é, considerando que o planeta Terra tem aproximadamente 4,5 bilhões de anos. Mas o que essa discussão tem a ver com o maléfico Sr. Hyde e o gentil Dr. Jekyll? Tem a ver com nossos conflitos e emoções que ainda são complexos e jovens demais para serem gerenciados. Não fosse assim, as notícias diárias que nos deixam perplexos seriam bem mais amenas e civilizadas. Enquanto eu escrevo aqui, infelizmente, muitos "Srs. Hyde" estão cometendo crimes e colocando em prática a *vida loca*, tão erroneamente desejada pelo médico em sua busca pelo prazer completo. Claro que o equilíbrio, a temperança e a moderação devem ser nossos guias, diuturnamente. Pra ilustrar este texto com uma curiosidade, o escocês Robert Louis Stevenson, que escreveu o livro, foi acometido por uma tuberculose que fez com que os médicos o desenganassem ainda muito jovem. Ele lutou, persistiu e teve uma sobrevida até longa, morreu aos 44 anos em uma época em que essa idade era algo mais difícil de atingir. Um belo dia, já reconhecido por seus livros e após escrever *The Strange Case of Dr. Jekyll and Mr. Hyde*, ele entrou em um barco e viajou pelos mares do Pacífico Sul com sua amada, em uma típica atitude de *living la vida loca*. Sim, Mr. Hyde prevaleceu sobre Dr. Jekyll, mas com serenidade e sobriedade. Ao fim, Stevenson, uma noite, foi até a adega de sua casa pegar uma garrafa de seu Borgonha favorito e no meio do caminho se sentiu mal e faleceu. Ao que tudo indica por sua história de superação, ele encontrou, sim, o equilíbrio entre o bem e o mal. E você, caro leitor, já identificou o seu Mr. Hyde?

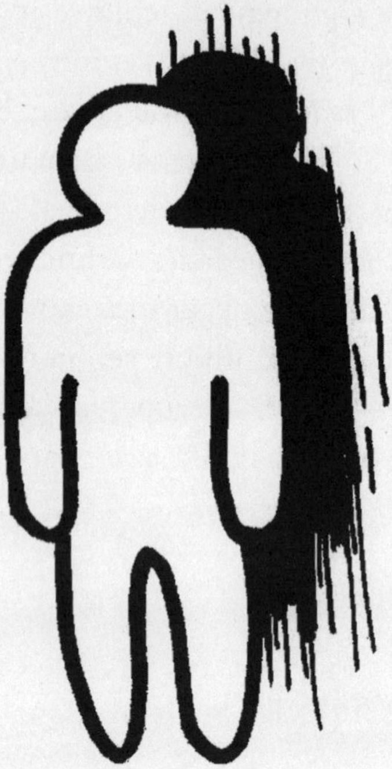

"

>**Alguns estudiosos comparam a bioquímica humana a um sistema de ar-condicionado que mantém a temperatura constante, venha uma onda de calor ou uma tempestade de neve, ele sempre faz com que a temperatura retorne ao mesmo ponto predefinido.**
>
> — Dr. Yuval Noah Harari, no livro *Sapiens: uma breve história da humanidade.*

No momento em que escrevo este texto, já se vão sete anos desde que me mudei da imensa cidade de São Paulo para a aconchegante e bucólica Vinhedo. Novos ares, mais verde, mais noites tranquilas de sono, muito silêncio e uma sensação enorme de alegria. Eu e minha esposa dizemos que moramos no paraíso, nas férias. Tenho o privilégio de poder trabalhar em meu *home office* e isso me enche de regozijo. Temos mais segurança, nosso tempo rende mais, o trânsito não existe e nossa tão desejada qualidade de vida cresceu de maneira exponencial. Vivemos um sonho, conquistado com trabalho e recompensado de maneira grandiosa. Somos abençoados. Ainda tenho negócios em São Paulo e, eventualmente, preciso viajar, deixar o paraíso de lado e enfrentar a cidade da garoa, com seus milhões de carros, pessoas, tensões e aflições. Ontem foi um desses dias, fui convidado para fazer uma apresentação em um de nossos maiores clientes, me preparei da melhor maneira e deixei o aconchego de nosso paraíso; mas com alegria e gratidão pelo trabalho, coloquei o carro na estrada para enfrentar os setenta quilômetros em aproximadamente duas horas, sim, duas horas. Antes de ir ao cliente, aproveitei a oportunidade e chamei alguns amigos para almoçar. Fomos a um restaurante incrível, comida maravilhosa, papo construtivo e saudável e, finalmente, me dirigi ao local da apresentação. Tudo perfeito, pessoas ansiosas em ouvir a minha mensagem, organização impecável, horários obedecidos, missão cumprida integralmente. Confesso que já estava olhando meu relógio e conferindo no celular como estava o caminho de volta para o meu paraíso. Mais algumas horas de trânsito, mas resiliente, tomei coragem e exercitei meu pensamento de paciência para mais uma vez desafiar os milhões de carros e chegar ao meu almejado destino. Entrei em meu carro, dei a partida, saí suavemente da vaga do estacionamento quando um estampido forte do meu lado esquerdo, lataria com concreto, me surpreendeu. Bati meu carro... Com a surpresa, vieram a ira, a tristeza, os pensamentos de arrependimento, falta de atenção, custos do conserto, vergonha, tudo desmoronou. Tudo de positivo que ocorrera no dia estava agora arruinado. A claridade deu lugar à escuridão, a alegria se converteu em tristeza, o trânsito ficou muito mais carregado e penoso, não havia mais música, mas um silêncio enorme dentro do carro. Ao chegar em meu destino, o paraíso não estava mais lá, só havia um pensamento negativo, que tomou conta de todos os aspectos da minha existência. Nossa vida é assim, como dizemos popularmente, altos e baixos, como diz na música "Cuide bem do seu amor", de Herbert Vianna: "há um segundo, tudo estava em paz". Precisamos, nesses momentos, deixar nossa temperatura existencial se estabilizar novamente. O Dr. Yuval Harari pontua isso em seu livro de maneira muito interessante, somos como um ar-condicionado que mantém a temperatura constante e, caso haja alguma mudança brusca para cima ou para baixo, a temperatura sempre volta ao seu estado normal. É uma lição admirável porque percebemos que tanto a felicidade como a tristeza nunca permanecem constantemente em nossa vida. Há dias que estamos muito alegres e outros que estamos muito tristes, mas nada disso permanece. Voltamos sempre ao estado de equilíbrio e isso é saudável. A ingênua busca pela felicidade, tão estudada, examinada, apurada e debatida pelos filósofos ao longo de milênios, nunca chegou à fórmula definitiva. Não somos felizes, estamos felizes, assim como não somos tristes, mas estamos tristes. Isso é inerente ao ser humano, somos construídos assim e é isso que nos impulsiona a viver e progredir. Sempre aparece um pensamento ou situação que nos traz de volta à realidade, ao equilíbrio; a ataraxia, a tranquilidade de ânimo tão pregada pelos epicuristas no passado. Voltando ao meu dia, fui dormir entristecido, mas pela manhã, ao olhar o estrago no carro, vi que não era tão ruim assim, falei com o funileiro que me passou um orçamento justo, o carro ficaria três dias no conserto, pensei que tudo poderia ter sido pior. O sol nasceu, as flores do paraíso ficaram coloridas novamente, a paz voltou ao coração, a temperatura voltou ao normal. Vamos em frente.

"

Que vocês tenham uma vida feliz como eu tive, que acordem um dia e digam: não desejo mais nada.

— personagem Bill Parrish, no filme *Encontro marcado*.

O que é felicidade e como obtê-la?

Essa pergunta vem, ao longo dos séculos, produzindo uma dinâmica não consensual na humanidade. Motivo de longas discussões desde os grandes filósofos gregos, sendo o objetivo final das religiões e seitas, permeando a psicologia, a psicanálise e, especificamente nas últimas décadas, vem servindo de combustível para o capitalismo contemporâneo. A forma mais clara desse movimento tem, dentre seus focos principais, o bem-estar do corpo humano. A gigantesca indústria alimentícia tem crescido exponencialmente com a oferta de alimentos cada vez mais saudáveis e apropriados para o ser humano. Paralelamente a ela, as intermináveis e muitas vezes bizarras dietas produzem "fórmulas mágicas" de emagrecimento, que prometem muito e funcionam pouco, gerando bilhões de dólares de lucros às empresas do setor. A indústria de medicamentos, os procedimentos médicos estéticos, as academias de ginástica e as rotinas de exercícios sucedem-se infinitamente na busca do corpo saudável e perfeito. Objetos do desejo são outra forma compulsiva do ser humano de tentar comprar sua felicidade. Roupas, sapatos, bolsas, relógios, itens de tecnologia, carros, barcos, aviões, nada parece ter um fim, pois sempre há algo maior, melhor, mais caro, mais exclusivo e mais desejado. O conceito de prosperidade e felicidade, equivocadamente, deixou de ser individual e passou a ser coletivo. Não nos contentamos mais com aquilo que nos basta e nos proporciona uma vida completa. Pensamos que, para sermos realmente felizes, precisamos ter o que o outro tem, e isso é, e sempre será, impossível. A mídia atual e as redes sociais, em todas as suas múltiplas formas, têm sido os veículos mais danosos para o incentivo ao consumismo exacerbado, gerando atitudes absurdas e até mesmo patológicas. Acreditamos em uma verdade que não é real, trata-se de algo fabricado por ferramentas de marketing enganadoras e persuasivas. Observamos hoje o conhecimento proposicional, no qual uma proposta é lançada como verdade, a saber, tenha mais coisas materiais e será mais feliz. Forma-se aqui um exemplo no qual a verdade que nos está sendo proposta, não necessariamente, é justificada. A racionalidade que possuímos, em sua essência, com seus atributos e, principalmente, como a mais indicada ferramenta para a justificação da verdade, é o que irá compreender o conhecimento como verdadeiro, através da autoanálise, pesquisa e discernimento. Precisamos colocar em funcionamento essa racionalidade com seus critérios aferidores. É necessário que façamos uma avaliação firme, criteriosa, honesta, corajosa, para que entendamos definitivamente o que é felicidade e, principalmente, qual é a nossa felicidade, aquela que é real, exclusiva, individual, o bem-estar que nos faz deitar, descansar e, acima de tudo, termos paz. Finalmente, como já falamos em outros textos aqui, não somos (sempre) felizes, estamos felizes.

"

Ao fazer escolhas, somos moldados pelos nossos hábitos, portanto, é a repetição constante do caráter virtuoso que leva a escolhas éticas e, por fim, a uma vida boa.

— Aristóteles, no livro *Ética a Nicômaco*.

7H — LITTLE ROCK, ARKANSAS — EUA

Um homem levanta-se de sua cama e vislumbra os primeiros raios de sol pela janela de sua cela. Às 11h30 da manhã de hoje, ele será executado por injeção letal pelo assassinato brutal de seus dois filhos e de sua esposa, ocorrido há onze anos. O carcereiro pergunta o que ele deseja de café da manhã e ele sente náuseas, pensa em todos os livros que leu na prisão e todas as situações terríveis pelas quais passou em sua vida. Tem um forte sentimento de arrependimento, mas, ao mesmo tempo, ódio. Lembra-se do artigo que descrevia os efeitos do midazolam no corpo humano e também das surras que levava de seu pai na infância. Iria sentir dor? Com quem ele iria se encontrar as 11h31 da manhã, Jesus ou Satanás?

18H – MUMBAI, ÍNDIA

Uma jovem de 19 anos volta para casa, transbordando de alegria, correndo pelas ruas lotadas para contar aos seus pais que sua bolsa de estudos, solicitada há mais de dois anos, fora finalmente aprovada na Universidade de Cambridge. Ela se lembra das noites que passou em claro, estudando e se privando de toda a diversão de sua juventude. Todo esse esforço realmente valeria a pena? Como ela iria viver longe de seus pais e de toda a sua família? Nunca havia saído da Índia em toda a sua vida. Somente dois estudantes estrangeiros por ano são aceitos em Cambridge! Para de correr e indaga-se acerca da possibilidade de sua alma imortal reencarnar como alguém iletrado e ignorante. Estaria certa a doutrina do hinduísmo?

14H – ESTOCOLMO, SUÉCIA

Cinco advogados aguardam na sala ao lado do consultório de um cirurgião plástico rico e famoso. Ele está sendo processado por mais de dez mulheres que tiveram complicações pós-cirúrgicas graves. Ele se olha, envergonhado, pelo espelho do banheiro trancado e pensa no que vai dizer para aqueles cinco homens que o esperam. Pensa na felicidade do dia de sua formatura na faculdade de medicina e no abraço cheio de emoção que recebeu de seu amado pai, falecido há duas semanas. Que conselho ele lhe daria naquele momento tão difícil? Pergunta-se: por que as pessoas morrem quando mais precisamos delas e para onde vão?

09H – BELO HORIZONTE, MINAS GERAIS — BRASIL

05, 34, 12, 26, 43, 22... A mulher confere pela décima vez o resultado da Mega-Sena, não há mais nenhuma dúvida, ela acaba de descobrir que ganhou mais de R$ 90 milhões. Há uma mistura de sentimentos, quer gritar de alegria, mas tem medo. Pensa na última consulta que fez em sua conta-corrente, negativa há meses. Imagina-se vingando-se de sua gerente do banco, do seu chefe opressor que constantemente a assedia. Vê-se comprando uma mansão na praia e um carro último tipo, mas imediatamente pensa em seus filhos e no marido doente. Como será o seu futuro? Aquele dinheiro todo a fará realmente feliz? Ouve em sua mente a pregação do pastor de sua igreja na noite anterior e na citação que fez da carta de Paulo a Timóteo 6:10, *"Pois o amor ao dinheiro é a raiz de todos os males..."*. Pergunta-se: qual seria o valor dos R$ 90 milhões aqui na Terra se perdesse a eternidade no céu por pecar e desagradar a Deus?

Somadas a essas quatro histórias que imaginei, nas quais há questionamentos éticos, mas principalmente questões existenciais, estão a minha, a de vocês e de mais outros 8 bilhões de pessoas que seguem enfrentando suas situações cotidianas, alegrias, tristezas, aflições, medos, inseguranças, doenças e dúvidas, muitas outras dúvidas inerentes ao ser humano e aos porquês de sua existência. Não há quem nunca perguntou a si mesmo questões profundas que, por certo, transcendem o conhecimento humano, a física e tudo aquilo que, concretamente, podemos compreender.

Surgem constantemente questões complexas relativas à vida antes ou após a morte, existência ou não de Deus, vida extraterrestre e muitas outras; entretanto, as crianças, em sua pureza e simplicidade, são as que mais nos confrontam com perguntas cujas respostas podem ser um grande desafio para a metafísica em sua ocupação pela investigação daquilo que está "além da física". Será que podemos responder com rapidez questões como: Papai, o que é o tempo? Quando e como o mundo começou? O que é valor? O que é beleza? Até mesmo a clássica "quem veio primeiro, o ovo ou a galinha?" pode gerar uma discussão metafísica com altíssimos níveis de complexidade e dificuldade. Não basta desejarmos apenas pensar mais, temos que aprender a pensar melhor, a repetir constantemente o exercício do caráter virtuoso, como diz Aristóteles, o pai da metafísica.

"

**Sofremos mais
na imaginação do
que na realidade.**

— Sêneca

A credito que o caro leitor já tenha visto o gráfico abaixo:

Diagrama de Venn com dois círculos sobrepostos: "COISAS IMPORTANTES" e "COISAS QUE VOCÊ PODE CONTROLAR". Uma seta aponta para a interseção, indicando: "EM QUE VOCÊ DEVE FOCAR".

Ele vem sendo largamente utilizado em grandes corporações, alguns o atribuem a Stephen Covey, mas a referência tem sido bem generalizada, e eu gostaria de utilizá-lo aqui para alinhar esse moderno gráfico com a clássica citação do filósofo estoico romano Sêneca. É natural, na maioria das pessoas, sofrer por antecipação, seja por medo, insegurança ou desconhecimento. Às vezes estamos bem, tudo corre na mais perfeita paz e isso nos traz hesitação, inquietação e incerteza. Isso acontece pela nossa necessidade de querer controlar tudo em nossa vida. Sempre que algo nos é apresentado, queremos avaliar tudo, analisar os prós e contras, impactos positivos ou negativos, fazemos isso em frações de segundos. Imaginamos tantos cenários que a realidade acaba sendo esquecida. Lembra-me um filme chamado *Housesitter*, traduzido para o português com o título de *Como agarrar um marido* (sim, mais uma daquelas pérolas que conhecemos...). Os atores são Steve Martin e Goldie Hawn, que se envolvem em uma situação de fantasias confrontadas com a realidade e eles acabam se sentindo mais confortáveis vivendo as suas fantasias e mentiras do que a realidade; outro filme que, aparentemente, é uma comédia leve, mas nos leva a uma reflexão filosófica pra lá de melindrosa. O fato é que não podemos controlar tudo, ponto final. Como diz o gráfico acima, há coisas que são importantes e coisas que podemos controlar, mas elas não são 100% convergentes e não há como gerenciar esse cenário. O que há é uma pequena área onde os círculos se convergem e é aí que devemos focar, o restante não nos compete, não podemos desperdiçar nosso tempo nessa área vazia, é tolice. O exercício diário do foco deve ser uma constante na vida. Quantas vezes caímos em armadilhas que nos fazem procrastinar, sofrer e sair do prumo? Lembre-se sempre de olhar todo o cenário sob uma perspectiva mais ampla, mais alta, olhe as coisas de cima e não no mesmo nível da situação. Assim você conseguirá enxergar os dois círculos, identificar a área de confluência e agir de maneira madura e eficaz. Não tenha medo de pensar assim, não sofra mais por antecipação, imaginando um futuro incerto, se você não tem absolutamente nenhum controle sobre ele.

"

Grande parte da felicidade é esperança, não importa a profundidade do submundo no qual essa esperança foi concebida.

— Dr. Jordan Peterson, no livro *12 regras para a vida*.

Em uma igreja que frequentei por muitos anos em minha adolescência, o pastor repetia, por diversas vezes, em suas pregações a frase: o melhor da festa é esperar por ela. Reconheço que, com minha pouca idade, ainda tinha alguma dificuldade para entender isso. Como esperar seria melhor do que aproveitar a festa em si? Na medida em que amadurecemos, vamos entendendo que a frase faz, sim, muito sentido. Afinal, o que existe de mais prazeroso do que a esperança? Apesar de toda a insensatez do mundo de hoje, privado muitas vezes de lógica e bom senso, ainda esperamos que tudo um dia melhore. Não importa que sejamos chamados de alienados, alucinados ou idiotas, queremos acreditar que amanhã será melhor que hoje. O Dr. Jordan Peterson, em seu livro *12 regras para a vida*, fala que ainda que a esperança tenha sido concebida no profundo do submundo, ela ainda é grande parte da nossa felicidade. Sabe aquele pequeno, mas intenso suspiro que brota ocasionalmente em nossa vida, como um pequeno déjà-vu que acalenta e conforta? Ele pode acontecer a qualquer momento, no carro, na caminhada, no meio de uma reunião de trabalho, ao acordar, ao deitar, simplesmente chega como um vento passageiro que passa e deixa um rastro perfumado, delicioso de sentir. Eu entendo que essa é a esperança que acaba de ser concebida dentro de nós, não importa o contexto, ela vem como um acalento fugaz e suave, que nos encoraja e nos compraz. O interessante é que na maioria das vezes a esperança brota sem um contexto específico, não necessariamente durante uma sessão de terapia, ou uma conversa amiga. O tempo certo é a grande chave para que a esperança aconteça em nossa vida, às vezes estamos magoados, tristes, angustiados, sem paciência. Nessas horas a conversa, a terapia e a leitura não serão inevitavelmente eficazes. Nós precisamos do nosso espaço para reflexão, do nosso momento, da nossa intimidade. Falo muito com minha esposa sobre o respeito individual que deve sempre existir, mesmo depois do casamento.

Tem horas que não queremos juntar as mãos, conversar, dizer "eu te amo", e isso não é um sinal de falta de carinho ou amor. Aliás, a palavra amor, tão trivializada em nossos dias, precisa de muito mais reflexão para ser conceituada e concretamente sentida. Hoje, entretanto, é dia de falarmos sobre esperança, e o amor deixaremos para outro momento. Não importa o submundo com o qual você está implicado hoje, nada é para sempre. Fique atento para o frescor surpreendente e discreto da esperança. Ela virá, certamente; aproveite, acredite e não a despreze.

"

Onde as
palavras falham,
a música fala.

— Hans Christian Andersen

No ano de 1977, eu era um garoto magrelo de 10 anos, parte de uma família estruturada e religiosa. Meu pai, um jovem que acabara de passar dos 40 anos, esforçado professor universitário de cálculo, trabalhava muito. Lembro que acordávamos cedo, eu e minha irmã tomávamos um suco de laranja espremido na hora e uma batida que estava na moda, boa para fazer as crianças ficarem fortes, receita da minha tia Vera. A coisa era mais ou menos assim: leite, achocolatado, aveia, mel e um ovo cru, tudo batido no liquidificador, bem geladinha. Nós gostávamos muito e ficávamos bem alimentados com aquela saudável poção, fruto da mais pura sabedoria popular da época. Eu nunca fui bom em nada, não gostava de esportes, ia mal na escola, não por falta de inteligência, mas por ser um sonhador que em algum lugar dentro de mim acreditava que tudo aquilo que me era ensinado não me servia para nada. Pelo fato de o meu pai ser professor na Universidade Mackenzie, tínhamos bolsa integral de estudos, o que era um grande negócio, pois naqueles tempos o que chamamos hoje de Ensino Fundamental era chamado de Primário e a escola tinha o pomposo nome de Escola Americana Mackenzie; sim, havia uma forte ênfase na língua inglesa, numa época em que essa história de educação bilíngue era coisa desconhecida para os meros mortais como nós. Como disse, não tinha muita habilidade para nada e sempre fui muito introvertido, assim mesmo, de acordo com o mais puro tipo psicológico junguiano. Gostava de atividades solitárias, como andar de bicicleta, ler e fazer desenhos. A Igreja já era uma atividade constante na vida e dentro dela, música sempre foi e ainda é uma presença certa. Minha mãe, soprano lírico daquelas bem afinadinhas, mas muito potentes, era uma das preferidas do grande maestro João Wilson Faustini, um ícone da música erudita por muitos anos. Sua esposa, uma simpática e encantadora jovem senhora, contralto na voz, exímia organista e pianista, Queila Faustini, fez muitos duetos com minha mãe e sempre acompanhava com competência e destreza as peças sacras clássicas e complexas entoadas na Igreja Presbiteriana aos domingos. Enfim, música sempre foi algo frequente na minha vida de menino introvertido. Um dia, meu pai que era assinante de jornais da época, aqueles que a gente quase não vê mais, que eram gostosos de folhear, aquele cheiro característico da impressão, começou a receber uma promoção mensal na qual chegavam os famosos discos de vinil, com um instrumento a cada edição e peças clássicas famosas nas quais o tal instrumento era o protagonista. Primeiro veio o violino, depois o violão, e um dia chegou o de piano. Meio que despretensiosamente eu ouvi, gostei e pedi aos meus pais que me colocassem para aprender o instrumento. Minha mãe prontamente falou com a querida e saudosa Queila Faustini, que de imediato se colocou à disposição para me dar aulas. Eu me identifiquei no primeiro segundo com tudo aquilo, as teclas, a sonoridade, tudo virou uma imensa paixão que me acompanha até hoje, quase cinquenta anos depois. O piano é meu ponto de equilíbrio, minha válvula de escape, passei por todos os estilos musicais e hoje tenho um prazer imenso e eclético em seguir usando a música e meu piano como o melhor tratamento possível para a minha saúde mental e física. Com relação à frase que inspirou este texto, tomei-a emprestada do autor e escritor dinamarquês Hans Christian Andersen (1805-1875). Se o caro leitor, assim como eu, não tiver muita familiaridade com o nome, basta verificar algumas obras escritas por ele, como *A pequena sereia, O patinho feio, Os sapatinhos vermelhos, O soldadinho de chumbo*, entre outras. É atribuída a ele essa frase, que falou tão profundamente comigo pela gratidão que tenho pela música e por tudo o que fez e faz na minha vida, que até uma tatuagem em homenagem a ela eu fiz. Lembra-me um episódio, em que eu vivi essa frase na realidade da minha adolescência. Na época com meus 14 ou 15 anos, seguia no modo de menino introvertido e quieto. Seguia odiando esportes e com muita dificuldade para socializar, mas minha música fluía cada dia mais dentro das quatro paredes do meu quarto, que ecoavam meu piano e me faziam delirar com aquelas descobertas diárias. Até que, um dia, nossa professora de português convocou a todos para um dia dos talentos. Teríamos que apresentar para a classe algo nosso, algum dom que pudesse ser dividido com todos em uma aula prática. Houve os poetas, os dançarinos, aqueles pseudocomediantes que sempre estão presentes no planeta, mas música, era somente eu e meus queridos amigos Marcelo Gioia e Newton Sidney Homem, infelizmente falecido há poucos anos. Subimos ao palco e tocamos "Yesterday", dos Beatles. Eu no piano, Newton na bateria e Marcelo nos vocais. Foi lindo, foi emocionante e libertador. Eu não era mais o menino quieto, que a maioria desprezava, cujas palavras faltavam e falhavam, pois ela, a música, falou e calou a todos. Eu amo a música e sempre serei grato a ela pelo papel tão crucial que exerce em minha vida.

"

A vida humana é uma luta entre a ignorância e o esclarecimento.

— Robert Kiyosaki, no livro *Pai rico, pai pobre.*

Quem gosta dos filmes das décadas de 1980 e 1990 provavelmente já viu ou pelo menos ouviu falar do *Feitiço do tempo*. O talentoso e engraçadíssimo Bill Murray vive o meteorologista Phil, que é escalado para cobrir um evento chamado o Dia da Marmota, em que o povo de uma cidade pequena da Pensilvânia, nos Estados Unidos, se reúne para observar as previsões do roedor sobre a duração do inverno naquele ano. O que acontece é que, repentinamente, Phil fica preso em uma espécie de ciclo interminável no qual ele acorda repetidas vezes no mesmo dia, vivendo as mesmas coisas, falando com as mesmas pessoas, passando pelas mesas situações, boas ou ruins. Em determinado momento, ele deixa a perplexidade de lado, começa a levar vantagem das repetições e deixa de fazer algo indevido, ou não se surpreende mais, tenta antecipar-se nas situações que já viveu e, assim, consegue trabalhar seu jeito arrogante e impetuoso, tornando-se uma pessoa melhor. Apesar de divertido e agradável de se ver, o filme nos faz refletir bastante. Quem nunca se perguntou "ah, se eu tivesse novamente a chance, ou se eu pudesse voltar no tempo, poderia corrigir coisas ou melhorar meu comportamento"? É um exercício interessante, imagine-se voltar no tempo e viver o mesmo dia repetidas vezes. Claro que vai haver quem diga: eu não me arrependo de nada, sigo em frente, e o que passou, passou. Sim, eu respeito essa posição e partilho dela também, mas imagine-se pelo menos uma vez tendo a oportunidade de escolher um dia, apenas um de sua vida e revivê-lo, qual dia escolheria? Como se comportaria? Mudaria tudo, melhoraria as palavras, renovaria os votos, deixaria o enfrentamento de lado, comeria melhor, não provaria algo que não fez bem, tomaria o remédio ou deixaria de tomá-lo, mudaria de lado na calçada para encontrar ou evitar alguém, perdoaria, beijaria em vez de evitar e assim por diante? Assim como nos filmes *De volta para o futuro*, uma pequena mudança poderia alterar todo o futuro drasticamente, para melhor ou para pior; afinal, uma palavra dita na hora errada ou um minuto perdido pode significar a transformação de uma vida inteira. A frase que inspira este texto vem do escritor havaiano Robert Kyiosaki e seu ultra best-seller *Pai rico, pai pobre*, outra recomendada leitura, que foca não somente como ganhar mais dinheiro, mas como uma vida equilibrada pode alterar o ciclo das coisas. Estamos continuadamente lutando entre a ignorância e o esclarecimento, precisamos aprender mais para deixarmos de ser ignorantes, e isso nos impulsiona a viver. Enquanto a máquina do tempo ainda não existir, que possamos utilizar o tempo a nosso favor, lendo mais, procurando conhecer mais, deixando a rede social um pouco mais de lado, descobrindo mais. Somente assim nos tornaremos pessoas mais felizes e completas.

"

O Big Brother está observando você.

— George Orwell, no livro *1984*.

Calma, caro leitor, não estou pedindo para você ligar a televisão e acompanhar o mais famoso precursor de todos os *reality shows* que invadiram nossas vidas nos últimos anos. Tem programas para todos os gostos, sobreviventes, fazendeiros, arquitetos, aventureiros, caçadores, pescadores e muitos outros personagens que chamam nossa atenção e nos fazem querer saber o que acontece na vida real, como as pessoas reagem genuinamente e não através de um script escrito previamente e ensaiado por diversas vezes. O comportamento humano, seja sofrimento, paixão, insegurança e ação, é produto que vende muito, e quanto mais somos conhecidos, mais somos explorados. Existe um conceito em tecnologia, parte da inteligência artificial, chamado *machine learning*, no qual os computadores "aprendem" padrões e comportamentos e tomam decisões autônomas, sem terem, necessariamente, a interferência humana. Somos constantemente monitorados, controlados e estudados. Basta fazer uma pesquisa no Google sobre qualquer assunto e o processo se inicia. Consultamos um par de sapatos pretos e é feito um cruzamento de dados gigante, que não somente nos avalia como apreciadores de sapatos pretos, mas talvez como pessoas que usam calçados dessa cor, têm um padrão conhecido para comprar calças com pregas, gostam de sorvete de pistache e têm um viés político de direita. Sim, é um exemplo hipotético, mas acredite, ele é aplicado diuturnamente em nossa vida. Imagino que a essa altura já não seja tão desconhecido assim que o Big Brother não foi uma invenção do entretenimento atual, mas que veio de um livro chamado *1984*, publicado em 8 de junho de 1949 pelo novelista e escritor inglês Eric Arthur Blair, conhecido pelo pseudônimo de George Orwell. O livro é uma distopia que, ao contrário de uma utopia, descreve um futuro imaginário geralmente indesejável e opressor; *1984* tem todos esses elementos e é uma leitura para lá de assustadora. O personagem principal, Winston Smith, faz parte de uma sociedade que é constantemente vigiada pelo Grande

Irmão, um líder supremo e autoritário absoluto que vigia todos os indivíduos, controlando suas ações, suas palavras, seus olhares e até mesmo o seu pensamento. Os infratores são punidos severamente, até chegarem ao ápice da crueldade na Sala 101, onde o leitor poderá descobrir por conta própria o que se passa por lá, caso ainda não tenha tido a oportunidade de ler essa incrível obra-prima de Orwell. Somos afortunados por termos o pensamento livre de qualquer monitoramento, e a reflexão é o melhor remédio para a alma, pois podemos pensar, meditar e ponderar sobre qualquer assunto, situação, pessoas, decisões, sem que haja quaisquer julgamentos externos que prejudiquem nossa autoavaliação. Esse é o elemento principal para o qual gostaria de chamar a atenção do leitor neste texto. Por mais que já estejamos sendo controlados e monitorados, seja por nossos computadores ou pelas redes sociais, não há Big Brother nenhum que possa invadir nossa intimidade, nosso *éthos*, nossa construção individual, quem somos no mais profundo de nosso ser. Isso nunca deve ser tirado de nós e temos que nos apoderar constantemente da consciência de que somos seres únicos e livres para pensar.

"

É dito popular que os opostos se atraem e isto é fato, atraem-se por complementaridade — o que um não tem, sobra no outro.

— José Jorge de Morais Zacharias, no livro *Os tipos psicológicos junguianos.*

No prólogo deste livro eu escrevi que, hoje em dia, alguma coisa ou assunto, para nos atrair, tem que ser obrigatoriamente objetivo. Acredito que por esse motivo a leitura de livros está cada vez mais em baixa, não só no Brasil, mas em muitos outros lugares do mundo. Quando olhamos um livro de quinhentas páginas, não importa muito o assunto, mas de início rejeitamos. Eu vejo hoje muitos autores, psicólogos, cientistas, filósofos que tendem a complicar demais tudo. Uma boa parte dos livros escritos por autores clássicos desses assuntos é enorme, intricada, labiríntica e extremamente enfadonha de se ler. Alguns escritores atuais ainda seguem esse estilo, há quem goste, e isso é bom, mas convenhamos que o interesse comum ficou mais raso depois que tivemos pleno acesso a muitos petabytes de informação, o famigerado *big data*, facilmente disponível nas ferramentas de busca e inteligência artificial existentes hoje no mercado. Faço esse comentário para exaltar e celebrar iniciativas como essa coleção chamada "Coleção Simplificando", na qual o psicólogo José Jorge de Morais Zacharias faz um resumo maravilhoso e realmente simplificado do profundo trabalho do psiquiatra suíço Carl Jung em seus estudos sobre os diferentes tipos psicológicos. É um livro de apenas setenta páginas, edição em formato de bolso, que pode ser deliciosamente lido em apenas alguns minutos. Para este nosso momento aqui, eu irei facilitar e resumir ainda mais os tipos psicológicos chamados de junguianos. Segundo Jung, somos introvertidos ou extrovertidos. Caso o leitor tenha interesse em se aprofundar mais no assunto, o livro *Tipos psicológicos,* escrito por ele na década de 1920, é o mais completo trabalho sobre o assunto. Ele chega a definir dezesseis tipos, derivados dos básicos introvertido e extrovertido. Além desse livro de Jung, existem dezenas de outras obras escritas por autores conhecidos e desconhecidos sobre o tema. Enfim, fiz esse preâmbulo para chegar ao assunto que me levou a essa reflexão, partindo do dito popular de que os opostos se atraem. Isso vale muito para casamentos, afinal, é comum encontrar casais que estão juntos há muito tempo, têm um relacionamento estável e feliz, mas possuem temperamentos completamente diferentes. No livro de que tomei a frase emprestada, José Jorge faz um interessante cenário sobre casais compostos por introvertidos e extrovertidos. Imagine duas pessoas, uma introvertida e outra extrovertida, planejando a festa de celebração dos dez anos de casamento. Seria mais ou menos assim: o introvertido planejaria uma festa elegante e intimista, pensaria em convidar os amigos mais leais, tudo extremamente organizado com muita antecedência, pratos elaborados e servidos em sequência, harmonizados com excelentes vinhos, ao som de uma música clássica ambiente que não interferiria nas conversas profundas entre os presentes. Já o extrovertido iria preferir algo mais informal, quem sabe um churrasco e uma boa degustação de cervejas artesanais da região. A festa seria embalada por um show de uma banda famosa de pagode ou axé, ou, se fosse um amante do rock, bandas *cover* de heavy metal, ou rock clássico. Os convidados seriam muitos, não importa se realmente íntimos, mas pessoas animadas, dispostas a celebrar até as mais altas horas, com muita liberdade e diversão. Agora, imagine se esse extrovertido fosse casado com um introvertido. Será que a festa seria realmente agradável ou um grande motivo para briga? Fica aqui a reflexão sobre algo que a maioria dos casais não consegue fazer de maneira muito eficiente: ceder. Aqui, "os opostos se atraem" pode ser um grande desafio e, para que a harmonia prevaleça, os dois lados têm que ceder e buscar um ponto de equilíbrio. Quem sabe contratar uma banda mais eclética, que toque músicas de diversos estilos e que agradem a qualquer ouvido, mesmo os mais exigentes? Os vinhos e as cervejas artesanais podem ser servidos em bancadas diferentes, para que os enólogos e mestres cervejeiros presentes possam se deleitar com seus gostos mais exigentes. Vejo que as pessoas exigem muito do casamento, tem que ser sempre perfeito, a paixão não pode morrer nunca, temos que estar sempre cheirosos, alinhados e bem-humorados, além de dispostos a dizer eu te amo a qualquer momento. Seja você um introvertido casado com um extrovertido, ou um extrovertido casado com outro extrovertido, faça as combinações possíveis, mas lembre-se de que o casamento é um projeto, uma construção diária. São inúmeros elementos envolvidos e somos humanos, ou seja, temos imperfeições, e isso precisa ser constantemente trabalhado. Algumas coisas que eu guardo como essenciais em um relacionamento: primeiro, fale, comunique-se, expresse suas satisfações e, principalmente, suas insatisfações, não guarde rancor, não deixe para falar depois, fale imediatamente. Segundo, case com seu melhor amigo, sua melhor amiga, essa é uma base fundamental em um relacionamento. Amigo de verdade é aquela pessoa que você não precisa se preocupar quando não tem nada para falar, quer ficar em silêncio e não vai ser julgado ou cobrado por esse silêncio. O amigo vai suportar você nas suas decisões, vai lhe dizer que se importa e que amanhã vai ser um dia melhor. O amigo sempre estará por lá quando precisar, vai ter tempo para você. Quando entendemos isso, deixamos de lado coisas estabelecidas, como beleza, idade ou sexo. Seja feliz com quem você confia mais, quem o conhece melhor, quem o entende e se faz entender pelo olhar, quem o faz rir e chorar, quem compartilha os melhores e piores momentos da sua existência. Não desista, essa pessoa existe; se ainda não a achou, siga procurando com fé.

"

Sempre sobrará alguém para lutar.

— personagem Marco Aurélio, no filme *Gladiador.*

Um dos meus filmes favoritos, *Gladiador*, nessa cena após uma batalha vitoriosa na Germânia, onde fica a Alemanha hoje, na Europa Central, época em que se expandia o vasto Império Romano, o imperador Marco Aurélio parabenizou o general Maximus e disse a ele que talvez fosse aquela a última batalha, ao que o general respondeu: não há mais ninguém para lutar. O César disse: Maximus, sempre sobrará alguém para lutar. Um assunto que sempre me fascinou foram as guerras, principalmente a Segunda Guerra Mundial e a Guerra do Vietnã. Cada uma com suas características, milhões de pessoas mortas, bilhões de recursos financeiros gastos e resultados históricos permanentes para toda a humanidade. No momento em que escrevo este texto, duas grandes guerras ocorrem com implicações globais importantes, a guerra da Rússia contra a Ucrânia e a guerra de Israel contra o grupo extremista Hamas. Todas essas quatro guerras às quais me refiro foram e são farta e excessivamente documentadas, exibindo todo o horror e perplexidade das atrocidades cometidas nos mais altos níveis. Afinal, por que ainda utilizamos a guerra como um recurso? Seja para sobrevivência, defesa, política, ocupação territorial ou religião, não seria possível tudo isso ser resolvido em paz, através do diálogo e do senso comum, ética e moralmente, utilizando ferramentas diplomáticas para chegar a acordos? As respostas são complexas, mas ao mesmo tempo simples de entender. Primeiramente, a guerra é um negócio lucrativo, talvez o maior movimento financeiro da humanidade esteja relacionado a ela. Seja pelo fornecimento dos armamentos, equipamentos, transporte, alimentos, tecnologia em geral, tudo custa caro e há uma indústria bélica, ainda que não diretamente ligada à guerra, que se beneficia muito com ela. Quem vive em grandes metrópoles também sabe que a guerra urbana, a violência do cotidiano, geram empregos, produtos e serviços dedicados exclusivamente à proteção do indivíduo. São seguros de bens e de vida, equipamentos e atividades físicas de defesa pessoal, alarmes, blindagem de veículos, a lista é interminável e, novamente, o contrassenso da guerra oprime, mas também sustenta. O maior estrategista de guerra de todos os tempos, louvado e reverenciado não somente como guerreiro, mas largamente utilizado nas corporações de hoje por seus ensinamentos de enfrentamento ao inimigo, Sun Tzu, disse que: "Subjugar o inimigo sem lutar é a excelência suprema",[3] ou seja, vencer o seu inimigo sem nenhum tipo de conflito é algo excelente. Outra frase vem do 35º presidente dos Estados Unidos, John Fitzgerald Kennedy, assassinado em 1963, que disse: "A humanidade deve acabar com a guerra, ou a guerra acabará com a humanidade".[4] Pergunto-me se seria hipocrisia ou um desejo legítimo dessas importantes lideranças. No Século V d.C., Santo Agostinho desenvolveu uma doutrina cristã de "guerra justa".[5] Enfim, não há como ter esperança de que as guerras terminarão, porque "sempre sobrará alguém para lutar". Fica neste texto a chamada para que possamos refletir e elevar nosso pensamento para as principais vítimas das guerras, famílias dignas, crianças, jovens, homens e mulheres que sempre irão preferir a paz ao conflito.

---

[3] Sun Tzu (544 a.C.-496 a.C.), em *A arte da guerra*.
[4] John Kennedy (1917-1963) — discurso à Assembleia Geral da ONU em 1961.
[5] "A doutrina da guerra justa", conceito elaborado por Santo Agostinho de Hipona (354 d.C.-430 d.C.).

"

Há coisas que deviam ficar do jeito que estão. A gente devia poder enfiá-las num daqueles mostruários enormes de vidro e deixá-las em paz.

— personagem Holden Caulfield, no livro
O apanhador no campo de centeio, de J. D. Salinger.

Tem dias que acordamos e ficamos nostálgicos, melancólicos, saudosos de um tempo que passou. Lembramos detalhes de nossa infância, adolescência e juventude que nos trazem memórias profundas, muitas agradáveis, outras pesadas, mas que nos remetem à conclusão de que a vida é uma coletânea delas. Somos hoje fruto daquilo que vivemos ontem, essa é uma certeza. O futuro, por outro lado, não nos pertence, podemos preparar a sua chegada para que seja melhor, mas não está debaixo de nosso controle. Já o passado, em nada vai mudar. Nossa história está escrita, impressa na alma, o caminho foi trilhado e ninguém pode modificá-lo. Quase sempre concordamos que nosso passado foi melhor do que o presente, não é mesmo? As músicas eram melhores, os atores e atrizes eram mais talentosos, as famílias eram mais unidas, os carros eram mais robustos, a qualidade de tudo era melhor, as pessoas eram mais educadas, sempre ouvimos os mais velhos dizerem: ah, no meu tempo não era assim. Há questões psicológicas profundas aqui também, vemos muitos adultos que simplesmente não quiseram crescer e seguem vivendo sua vida achando que ainda são adolescentes. Igualmente, vemos adolescentes que não querem crescer e até mesmo ficam depressivos e se oprimem pelo fato de terem que aceitar a maturidade que se aproxima, como o caso de nosso personagem da frase que inspira este texto, o jovem Holden Caulfield, que decide percorrer as ruas de Nova York para tentar encontrar um sentido ou uma conexão em meio a sua angústia e descontentamento. Por diversas vezes no livro ele luta contra o fato de estar crescendo e, com isso, ter que lidar com a, segundo ele, hipocrisia e falsidade da sociedade adulta. O livro *O apanhador no campo de centeio* é um clássico que aborda exatamente essa questão de como deixar a inocência para transitar para a fase adulta. Aos queridos leitores que, como eu, são pais de crianças e adolescentes, fica a mensagem para que estejamos atentos aos sinais que eles nos enviam. Muitas vezes, um olhar ou uma fala, ou até mesmo a falta dela, o silêncio, podem levar a questões sérias que terão reflexo em toda a vida adulta. Busque sempre apoio, comunique-se mais com seus filhos e procure sempre entender quando, como e por que eles precisam de nós. Eles são nosso maior bem e darão continuidade à nossa história.

"

Quando aceito a mim mesmo como sou, então posso mudar.

— Carl Rogers, no livro *Tornar-se pessoa.*

Existem pessoas com as quais adquirimos uma afinidade imediata, aquelas que parece que as conhecemos há anos, pensamos de maneira similar, temos os mesmos gostos, nos interessamos pelos mesmos assuntos, quando conversamos parece que o tempo não passa. Há quem chame de paixão à primeira vista, mas acho que isso ficou meio banalizado, principalmente quando o assunto é relacionamento afetivo, mas isso fica para outro texto. A pessoa à qual me refiro aqui, com quem sinto exatamente essa conexão, é o psicólogo americano Carl Rogers. Sua abordagem humanista da psicologia é focada na pessoa, suas peculiaridades, aceitando-se incondicionalmente para que assim cresça e se desenvolva. A partir daí, quando houver alguma mudança necessária, o que certamente ocorrerá, a pessoa consegue enfrentá-la com resiliência. O livro *Tornar-se pessoa* é a obra principal de Carl Rogers e fica aqui minha forte recomendação ao leitor que a inclua em sua lista de leitura obrigatória. O tema adquire mais importância na atualidade, porque temos sido constantemente instados a sermos algo ou alguém que seja um exemplo de sucesso. Lemos biografias e ouvimos constantemente que devemos ser como o executivo A, ou o empresário B, ou o *influencer* C e assim sucessivamente. Acredito ser esse um dos maiores causadores de frustrações e desilusões nas pessoas, afinal, nunca seremos iguais a Bill Gates ou Elon Musk! Precisamos repelir esse pensamento de que ser igual a outro indivíduo vai nos trazer algum benefício. Há também os prestigiados *influencers* com seus custosos treinamentos e cursos que prometem fazer de você uma pessoa extremamente bem-sucedida, feliz e rica com apenas alguns passos. Criam rótulos, como: você é um número 7, é uma montanha, um *lone wolf,* um capricorniano com ascendente em júpiter e dezenas de outros "títulos" que devem seguir certas condições, princípios e padrões. Como isso é frustrante! Não somos rótulos, somos pessoas, indivíduos, únicos e peculiares que precisamos primeiramente saber quem somos e a partir daí construirmos nossa vida, nosso caráter, nosso *éthos*, nosso espírito distintivo e exclusivo. Eu sempre fui e sempre serei um defensor de tratar as pessoas respeitando suas características. Claro que podemos exortar, encaminhar, educar, fazer um coaching, como dizemos hoje, mas sempre respeitando o indivíduo como ele é em sua natureza. Como já disse em outros textos aqui, trabalho no mercado de tecnologia há mais de trinta anos, muitos dos quais na área comercial. Eu vi, nesse tempo, muitos vendedores com formações incríveis, graduações no exterior em universidades renomadas, treinamentos com figuras ilustres e suas histórias de vida com ascensão meteórica, livros e mais livros lidos sobre como tornar-se o melhor vendedor, como cativar mais clientes, criar um eficiente *elevator pitch*, no qual, em apenas alguns segundos, o cliente potencial irá ter a atenção capturada e, eventualmente, fazer o contato e efetuar a venda milionária. Técnicas e mais técnicas que na grande maioria das vezes criam androides, fantoches, marionetes que tentam se igualar aos ídolos dos quais se tornaram discípulos. Novamente, não digo que estudar, educar-se e receber treinamentos em qualquer área seja algo inútil, mas ratifico, sim, que se esse modelo de doutrinação vier a aniquilar as características únicas e imutáveis do indivíduo, essas técnicas serão inúteis e criarão uma horda de robôs infelizes, enganados e depressivos. Vejo, por outro lado, pessoas que com sua singeleza e simpatia, mesmo sem aplicar técnicas agressivas de persuasão, são excelentes profissionais de vendas. Precisamos sempre lembrar que o cliente é uma pessoa, como nós, que terá suas dúvidas, seus dias difíceis, seus desafios e necessidades. Eu sempre digo que grande parte do tempo, nós vendedores, temos uma tendência a superestimar nossos clientes, como indivíduos altamente capacitados e que detêm todo o conhecimento. Esse pensamento é errático e deve ser rejeitado. Em vez dele, devemos ter uma abordagem de colaboração e sinergia, ouvindo mais do que falando e apresentando nossas ideias e produtos como um recurso valioso para ajudar em primeiro lugar a ele, cliente, como pessoa, tendo um posicionamento mais efetivo com seus superiores e trazendo para a sua empresa mais benefícios. Temos que estar abertos às mudanças, elas são inerentes ao ser humano, à sociedade e ao nosso planeta, mas para que possamos enfrentá-las e nos adaptarmos de maneira efetiva a elas é necessário que, em primeiro lugar, saibamos e aceitemos quem somos, do que somos feitos e quais são nossas principais qualidades e defeitos. Conhecer, aceitar e seguir, essa é a chave.

"

E tudo muda,
adeus velho mundo.
Há um segundo
tudo estava em paz.

— Herbert Vianna (Os Paralamas do Sucesso),
na música "Cuide bem do seu amor".

Estávamos em alta velocidade em nosso carro em direção ao pronto-socorro, nossa filha de 8 anos estava entre a vida e a morte.

Era um sábado como muitos outros, deixamos a pequena Vittória na casa de uma amiguinha para uma festa de aniversário e fomos almoçar, eu e minha esposa Regiane, aproveitando o tempo a sós que nos foi garantido, há muito desejado. Comemos bem, restaurante badalado em São Paulo, conversamos, rimos e nos deleitamos com o momento, cenário ideal e perfeito para um casal com filhos pequenos, tantas vezes privado dessas chances raras para demonstrar abertamente e sem interrupções seu afeto e carinho. Já bem no final do almoço, tocou o celular e uma voz tensa do outro lado começou um relato que dava início a momentos de terror, que ainda estavam longe de terminar. Nossa filha estava passando mal, pele vermelha, lábios inchados, voz rouca, chorando, algo grave começava a acontecer, um nome que já tínhamos escutado outras vezes, mas que jamais imaginaríamos que faria, naquele momento, parte de nossa vida: choque anafilático. Entrei no carro e realmente não sei como as coisas aconteceram a partir daí, tenho flashes de carro em alta velocidade, pisca alerta ligado, buzinas, faróis vermelhos ignorados. Chegamos à casa onde acontecia a festa, tomamos a Vittória desfalecida nos braços e seguimos rumo ao pronto-socorro do Hospital Albert Einstein. Parei de qualquer maneira o carro e entraram mãe e filha em disparada para o atendimento imediato. Mais alguns flashes, injeção de adrenalina, Vittória gritando: Papai! Correria pelo hospital, novamente injeção de adrenalina, não utilizando aqui a metáfora, mas a substância mesmo, injetada via intramuscular, único tratamento indicado para um quadro de anafilaxia. Totalmente tomados pelo terror, eu e Regiane segurávamos a mão da Vittória e pouco a pouco fomos observando a melhora, a cor que voltava ao normal, os lábios perdendo o volume, a garganta novamente se abrindo e o brilho nos olhos reaparecendo. Até hoje não sei quantas horas passamos no hospital, mas qualquer que tenha sido esse tempo, durou muito mais do que o suportável. Começava ali uma jornada de avaliações, pesquisas, exames e consultas para, primeiramente, entender o que havia causado o quadro: algum alimento, alguma alergia específica, alguma picada de inseto? A primeira visita ao pediatra e alergista foi cheia de angústia, ansiedade, inquietação, dúvidas, perguntas sem respostas, enfim, precisávamos submeter nossa amada filha a uma bateria de exames de alergia para detectar o problema. Feitos os exames, começou uma outra fase de espera, pois os resultados tomaram mais tempo e a cada linha que aparecia como "não reagente" suspirávamos aliviados, mas imediatamente ficávamos apreensivos para o próximo resultado. Nesses dias de espera, qualquer sinal estranho nos deixava apavorados, manchinhas vermelhas, alimentação, lábios inchados, tudo nos remetia novamente ao dia mais tenso de nossa vida até então. Abelhas, marimbondos, mosquitos, mosca mutuca, látex e formiga. Foi detectado um índice altíssimo de reação à picada de formiga em nossa pequena. Algo considerado surreal, como uma criatura tão insignificante poderia causar tamanho dano? A curiosidade e a perplexidade nos levaram a pesquisar mais, entender o tamanho do problema. Descobrimos pessoas famosas com a mesma alergia, quais os tratamentos disponíveis, quais os cuidados necessários, quais medicações, e entendemos, enfim, qual a formiga responsável pelo caos, a pestilenta e agressiva *Solenopsis Saevissima,* popularmente conhecida como lava-pés ou formiga-de-fogo. O panorama de possibilidades e hipóteses foi clareando e dando lugar a fatos, compromissos e reponsabilidades reais. Exatamente nessa fase, estávamos nos mudando de São Paulo para o interior, uma casa linda, mas repleta de jardins, grama e, claro, insetos de toda a sorte. Um formigueiro para nós virou sinal de morte e aflição. Fiz um contrato quase que permanente com a melhor empresa de dedetização da cidade, que a cada sessenta dias vinha à nossa casa borrifar o veneno que fosse necessário para minimizar nossa ansiedade. Iniciamos o tratamento, chamado imunoterapia, que é uma maneira de "ensinar" ao sistema imunológico como reagir caso seja provocado pela substância alérgica. Em linguagem leiga, o sistema imunológico de uma pessoa extremamente alérgica defende-se de maneira errática, usa recursos de proteção de maneira desmedida, exagerada e causa o estrago em questão de minutos. Infelizmente, durante esse período, no dia 25 de outubro de 2018, a jovem de 24 anos, Michelle Teixeira do Valle, estudante de medicina, saudável, linda e cheia de vida e planos para o futuro, veio a perder a vida, picada pela peçonhenta *Solenopsis,* causando assombro aos seus familiares e amigos.[6] Sem perder mais tempo, iniciamos a longa e custosa imunoterapia, um tratamento que durou mais de dois anos, feito obrigatoriamente em hospital com pronto-socorro, pois nada mais era do que a injeção do veneno da formiga diluído em doses mínimas, semanalmente, para que o sistema imunológico deficiente passasse a reagir de maneira comedida e apropriada ao veneno. A pessoa precisa permanecer por algumas horas após a injeção, pois o risco de reação é iminente. Essa diluição diminui com o tempo até chegar à razão de 1:10, momento que esperamos ansiosamente por cansativos meses. Terminado o tratamento, para que fosse identificada a sua efetividade, o exame de alergia foi refeito e, novamente após uma espera de vários dias, recebemos a tão desejada notícia de que nossa querida Vittória estava curada. Seguimos o caminho, ainda com cuidados, temos em casa por precaução a caneta de adrenalina, formigueiros ainda são sinal de alerta, mas já respiramos mais aliviados, deixando para trás um tempo sombrio. Por várias vezes eu me lembrei dessa letra

---

[6] "Filha de ex-vereador, estudante de medicina de 24 anos passa mal e morre após ser picada por formiga na Bahia" (Reportagem Globo G1 Bahia 24/10/2018)

dos Paralamas do Sucesso: "adeus velho mundo, há um segundo, tudo estava em paz", escrita por Herbert Vianna em um momento crucial e penoso de sua história. A vida é assim, nos surpreende. Se formos expostos a situações intensas, por mais complexo que possa parecer, precisamos agir rápido, mas manter o equilíbrio e a serenidade. Que a paz esteja sempre presente em nossa vida, por muito mais que um segundo.

"

O passado
é história,
o futuro
é mistério,
o presente
é uma dádiva.

— provérbio chinês.

Durante o início dos anos 1990, minha vida profissional entrou em conflito. Eu havia me formado há pouco na recente, promissora, encorajadora e futurística área de tecnologia. Meus professores na Universidade Mackenzie, docentes da Faculdade de Tecnologia em Processamento de Dados, eram todos competentes profissionais da ainda jovem área de TI. O curso noturno tinha essa grande vantagem, professores práticos, técnicos e executivos estabelecidos que durante o dia exerciam suas atividades em empresas renomadas e, durante a noite, ministravam as aulas com informações de casos testados e aprovados em seu cotidiano. Éramos um grupo de pessoas selecionadas; afinal, trabalhar com computador não era algo singelo. Ainda durante meu curso da faculdade, tive o privilégio de já trabalhar na área também, como controlador de dados na FAAP – Fundação Armando Álvares Penteado. Minha missão diária era coletar e organizar cartões perfurados, classificar fitas magnéticas, avaliar a qualidade das cintas de impressão, comprar formulários contínuos e verificar o andamento geral da área de digitação, controle de dados, análise de sistemas e programação. O CPD, Centro de Processamento de Dados da FAAP, contava com um robusto IBM 4331 e um Barra 3, com capacidade impressionante na época, mas que hoje, certamente, ficariam devendo em muito, mas muito mesmo, para o celular mais simples de mercado. Os tempos eram outros, havia um grande glamour na atividade e eu me orgulhava muito disso. Ao terminar meu curso, fui premiado ao ser escolhido para um estágio na área de operações da gigante Volkswagen em São Bernardo do Campo, que possuía um estratosférico IBM 3090, talvez um dos únicos no Brasil. Segui assim na área técnica, orbitando entre operação, controle, programação e análise de sistemas, até que um dia precisei dar um basta. Sim, ainda amava a área de tecnologia, mas não me sentia completo na área técnica, eu queria algo que me distinguisse, me trouxesse outros objetivos e desafios ainda na área de TI. Em uma atitude irresponsável, característica de jovens impulsivos de 20 e poucos anos, pedi demissão do trabalho para buscar minha felicidade. Geralmente como acontece em situações como essa, o sonho futuro transformou-se em pesadelo. Eu não conseguia encontrar o que desejava, não tinha ideia. O leitor já parou para entender quais são os seus sonhos? Parece uma pergunta simples, mas geralmente temos dificuldade em respondê-la com precisão. Enfim, os meses se passaram e, com eles, todas as minhas economias. Tive que tomar a difícil decisão de, novamente, procurar um emprego na área técnica. Foram várias entrevistas, processos, até que um dia me vi em uma mesa rodeado por três diretores da área de suporte técnico juntamente com o dono de uma empresa de gerenciadores de banco de dados. Nessa época, no Brasil, não havia ainda as grandes multinacionais de tecnologia, já existentes em outros lugares do mundo. Vivíamos aqui uma aberração chamada "reserva de mercado", que fechava as portas para essas empresas, mas oferecia oportunidades para empresas nacionais representarem produtos importados da área. Voltando à entrevista, respondia às perguntas dos diretores, confesso, de maneira um pouco letárgica e desinteressada, mas não deixava isso transparecer em meu interesse, afinal, não podia mais seguir com a fonte de proventos seca. Durante a entrevista, sempre dirigia os olhos para o dono da empresa, quieto e, aparentemente, aflito e angustiado. A cada minuto que passava eu via as minhas chances se esvaindo diante daquele silêncio, até que veio uma pergunta inesperada para mim diretamente dos lábios até então emudecidos: Samuel, você já trabalhou com marketing? Ao mesmo tempo que fiquei desconcertado e surpreso, algo reconfortador tomou conta dos meus pensamentos. Respondi com toda a clareza e sinceridade, talvez com um sorriso amarelo nos lábios: "Não". Imediatamente ele pediu aos diretores que nos deixassem e iniciamos uma conversa deliciosa e promissora, que iniciava um processo de mudança decisivo em minha vida profissional. Foi ali que uma nova perspectiva transformou algo que estava adormecido em minha vida. Eu amava a tecnologia, mas sentia que não havia espaço para mim no ambiente puramente técnico. Claro, com todo o colossal respeito que tenho pelos colegas técnicos, os "roedores de bits" como os chamamos carinhosamente na área. Minha mensagem hoje alinha-se com o provérbio chinês e com a filosofia estoica que enfatizam a necessidade de deixarmos o passado e o futuro de lado e focarmos no presente. Não podemos viver das glórias ou derrotas do passado nem das expectativas do futuro, nada disso vale para o agora. Fique receptivo hoje, quem sabe o céu pode se abrir.

"

O que escolher então, o peso ou a leveza?

— Milan Kundera, no livro *A insustentável leveza do ser.*

Até algum tempo atrás, a palavra autismo para mim tinha um significado desconhecido e distante. Talvez a noção e o contato mais próximos com a condição tenham sido por meio do filme *Rain Man*, de 1988, estrelado por Tom Cruise e Dustin Hoffman, com este último interpretando tão maravilhosamente bem o personagem Raymond Babbitt, que lhe rendeu o Oscar de melhor ator naquele ano. O filme traz vários momentos da vida de um indivíduo com autismo, suas regras rígidas de horários, hábitos, extrema habilidade com números, mas também seus traumas e fobias diante de situações consideradas corriqueiras. O filme nos faz rir, nos leva às lágrimas, mas principalmente nos faz pensar sobre o que é uma vida normal. Sim, o conceito de normal é extenso, vasto, profundo, hermético e enigmático. Pergunte a um filósofo ou a um psicólogo o que é ser normal e vai ver que obterá inúmeras respostas, desiguais e diversificadas. Definir normalidade de maneira abrangente, sólida e precisa é tarefa inexequível. O que se pode fazer é determinar a sua própria normalidade. Afinal, por que esse assunto me interessa demasiadamente? Voltemos no tempo, um pouco mais de trinta anos, minha irmã amada, Regina, deu à luz um lindo bebê, Daniel. Quem já passou pela experiência sabe que, quando ainda não somos pais, o primeiro sobrinho ou sobrinha é uma sensação muito parecida com a do nosso primeiro filho ou filha. Daniel veio ao mundo coberto com todo o amor e alegria de uma família estabelecida, preparada para recebê-lo e proporcionar a ele tudo de melhor. Passou o tempo de maternidade, os cuidados naturais e esperados que nós, pais, conhecemos bem. Todo o rito protocolar de um recém-nascido foi experimentado, até que finalmente chegou o dia de ir para casa. Quarto preparado, banheiras, mamadeiras, bombinhas de tirar o leite materno, mijões e macaquinhos coloridos, bichinhos de pelúcia, fraldas, muitas fraldas, a tão necessária Hipoglós e todo o aparato necessário para esses pequenos seres humanos que trazemos ao mundo. Os primeiros anos se passaram,

Daniel começava a balbuciar as primeiras palavras, cantava musiquinhas da igreja, se alimentava bem, sempre arrumado e cheiroso, os primeiros passos, as risadinhas e gargalhadas com as brincadeiras do titio nas agradáveis e espirituosas visitas da tarde. Tudo parecia normal, até que alguns sinais começaram a aparecer. Coisas consideradas simples como deixar de usar as fraldinhas, as palavras faladas e cantaroladas davam lugar ao silêncio, movimentos diferentes com as mãos, olhares distantes, gritos repentinos, ou seja, a normalidade parecia ter estacionado, dando lugar a um mistério que começava a demandar novas consultas a pediatras mais especializados em doenças neurológicas. Foram muitos profissionais, alguns diziam que tudo era normal e o tempo iria corrigir as falhas que apareciam, outros se arriscavam a dizer que poderia ser alguma condição de hiperatividade ou deficiência cognitiva, a escolinha demonstrava dificuldades crescentes em acompanhar o desenvolvimento da criança e pediu uma avaliação diferenciada por não saber exatamente do que se tratava. Havia algo fora do normal que precisava ser descoberto com urgência. A alegria da família deu lugar a um ambiente angustiante. Pior do que ter uma má notícia é não ter nenhuma notícia, era evidente que havia algo errado, mas o que seria? Nenhum diagnóstico era claro, específico ou definitivo, apenas perguntas e dúvidas que geravam mais perguntas e mais dúvidas. Uma manhã eu cheguei em meu trabalho, prestes a iniciar meu dia, quando recebi um telefonema de minha irmã, falando com uma voz emocionada, senti um estremecimento em minhas pernas, sabia que estava prestes a ouvir algo que não seria bom. Só me lembro de duas palavras: Daniel, autista. A partir daí fui tomado por um entorpecimento que me causou náuseas e tonturas, tudo ficou escuro e senti a necessidade imediata de me encontrar com ela. Choramos juntos, não sabíamos o que nos esperava. Qual seria o panorama futuro? Vale lembrar ao leitor que naquele tempo autismo era algo desconhecido, vago, raro, um terreno ainda inexplorado pela medicina, ainda com poucas respostas para tratamentos ou procedimentos. Sabíamos uma coisa: não havia cura. Os anos se passaram, a vida se transformou, o novo normal já não era normal, hábitos antigos tiveram que ceder espaço a novas rotinas, a comunicação usual tornou-se um quebra-cabeça que tinha que ser decifrado diariamente, as escolas regulares foram deixadas para trás, cedendo espaço a ambientes com profissionais dedicados aos alunos chamados especiais. Em minha inquietude na busca pela solução, fui falar com médicos em outros países, comuniquei-me diretamente com autores dos poucos livros especializados no assunto, ouvi palestras de cirurgiões que haviam descoberto procedimentos nos quais havia sido identificado o autismo como uma lesão cerebral que poderia, em casos específicos, trazer alguma melhoria na vida das pessoas com esse quadro, falei também com uma autora que sentiu na própria pele o autismo através de seu filho.[7] Essa autora, também nutricionista, relacionava os sintomas à ingestão de glúten e lactose, demonstrando um relato espantoso da evolução de seu filho quando cessou a ingestão desses alimentos. Era um mundo novo para mim, eu queria encontrar uma resposta, uma alternativa, um alívio, uma esperança. Nada disso aconteceu. Confesso que foram anos de frustração, indignação com Deus e com a incapacidade dos médicos, cientistas e pesquisadores em conseguir elucidar essa tão incômoda condição de anormalidade. O tempo cura, a vida se estabelece, somos dotados de uma incrível habilidade de adaptação, tem sido assim desde os primeiros momentos dos seres humanos no planeta Terra. Se um obstáculo se coloca à nossa frente, sempre procuramos um caminho alternativo para que ele deixe de ser instransponível. Daniel, no momento em que escrevo este texto, acabou de completar 35 anos, é um homem com um físico incrível, barba e cabelos pretos e

---

[7] Livro *Special Diets for Special Kids*, de Lisa Lewis.

espessos, tem uma vida feliz, interage carinhosamente com os seus e vive em seu planeta, no qual não precisa dar satisfações a ninguém — chefes opressores, companheiros amorosos ciumentos, pessoas falsas e gente do mal. Ele criou a sua própria vida normal. Durante todo esse tempo, tive conflitos entre ira e tristeza, esperança e desalento, fé e desânimo, certezas e dúvidas, mas certamente foi tudo um grande aprendizado. Tive a oportunidade de conhecer pessoas com problemas semelhantes e me confortar sabendo que não foi só nossa família que passou por isso. Há pouco tempo, vi um post no LinkedIn de um amigo falando sobre autismo e citando uma empresa dinamarquesa chamada Specialisterne,[8] cuja missão é a inclusão de pessoas com autismo e outros diagnósticos de neurodiversidade no mercado de trabalho. Liguei imediatamente para ele, fiquei sabendo naquele momento que seu filho também é uma pessoa com autismo e tivemos uma conversa esclarecedora e reconfortante sobre as experiências vividas por nossas famílias convivendo com o autismo. Tornei-me um mantenedor da empresa Specialisterne, que trabalho maravilhoso! Durante a primeira apresentação da empresa, não pude conter as lágrimas ao ver quão relevante é o trabalho que eles fazem com maestria, identificando as melhores qualidades e habilidades em pessoas com autismo e as alinhando ao mercado de trabalho, grandes empresas que se beneficiam, e muito, ao contratarem profissionais com autismo. Convido o leitor para que, se tiver a oportunidade, conheça mais sobre essa empresa. Enfim, como concluir este texto que me traz tantas lembranças de momentos memoráveis de minha vida? Trago uma frase do livro *A insustentável leveza do ser,* do escritor tcheco Milan Kundera, um romance filosófico e intricado que descreve as experiências de quatro

---

[8] A Specialisterne é uma organização social, nascida na Dinamarca em 2004 e com presença em 23 países, que se dedica à inclusão profissional de pessoas com autismo e outros diagnósticos na neurodiversidade (https://specialisternebrasil.com/).

personagens de diferentes estilos que se relacionam entre si, Tomas, Tereza, Sabina e Franz. Cada um com suas características levanta uma profunda discussão filosófica sobre a escolha entre uma vida leve e descompromissada ou pesada e profunda. Não há nenhuma referência ao autismo no livro de Kundera, mas me lembrei de uma passagem em que chegávamos de carro, eu e minha irmã, com o Daniel no banco de trás. E, ao chegarmos na entrada da garagem, nos deparamos com alguns adolescentes, da mesma idade do meu sobrinho, que rapidamente esconderam seus cigarros e outras substâncias misteriosas quando nos viram chegar. Fiquei em silêncio observando, mas minha irmã pronunciou uma frase que me marcou muito: "Que bom, se o Daniel fosse normal, provavelmente estaria com esses meninos aqui". Não há como deixar de pensar nessa frase e na definição do que entendemos ser a normalidade. Ser normal, seria melhor ou pior? Minha irmã, nesse momento, escolheu a leveza em vez do peso. E você, caro leitor, como tem feito suas escolhas?

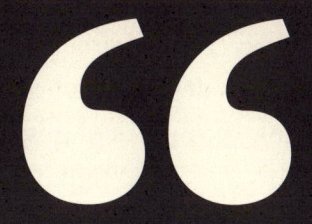

> Eu quero viver uma vida digna e criar algo de bom, mas ao mesmo tempo, tudo ao meu redor é veneno e eu não sou nada além de um tolo.

— personagem Dmitri Karamázov, no livro *Os Irmãos Karamázov*, de Fiódor Dostoiévski.

Um dos lugares do mundo que conheço e mais amo é a ilha de Fernando de Noronha. Entre os destinos favoritos de celebridades, ricaços em seus jatos particulares, surfistas amadores e profissionais que aproveitam as abundantes e impetuosas ondas que quebram nas mais lindas praias do planeta, Noronha guarda uma história surreal. Estima-se que a partir do ano 1343, a ilha vulcânica já aparecia em mapas e cartas náuticas dos intrépidos e destemidos navegadores europeus, mas foi em 1503, apenas três anos após o descobrimento do Brasil, que outro célebre navegador, Américo Vespúcio, aportou por lá. Após um naufrágio da expedição financiada pelo fidalgo Fernão de Loronha, ele colocou os pés na ilha no dia 10 de agosto daquele ano e lá ficou por duas semanas. Vespúcio é considerado oficialmente o fundador da ilha, que naquele ano ainda não se chamava Fernando de Noronha, mas apenas ilha da Quaresma. Durante boa parte dos séculos XVI e XVII, a ilha serviu de parada para abastecimento de água, ovos e aves, além de ser um local de descanso para as constantes expedições europeias. Ainda nesse período, foi ocupada por holandeses e franceses, permanecendo sem habitantes, praticamente esquecida, sendo invadida periodicamente por navegadores de vários locais do mundo. Até que em 1737, os portugueses decidiram apoderar-se da ilha em definitivo, expulsando os invasores e impedindo as abordagens e explorações vorazes dos navegantes na região. Começou aqui a história da ilha de Fernando de Noronha, passando por diversos momentos, terríveis, chocantes e muitas vezes desprezados na história do Brasil. O paraíso que conhecemos hoje já foi presídio comum, local de exílio e tortura de gente considerada impura e criminosa, assassinos, estupradores, toda a sorte de pessoas condenadas, que certamente passaram por dias pavorosos. Os relatos são impressionantes e podem ser lidos em detalhes no excepcional livro da educadora, historiadora e pesquisadora Marieta Borges Lins e

Silva: *Fernando de Noronha – cinco séculos de história*.[9] Noronha foi também presídio político; figuras importantes como Miguel Arraes, João de Seixas Dória e muitos outros foram detentos por lá durante o regime militar no Brasil, iniciado em 1964. Durante a Segunda Guerra Mundial, o governo Vargas, em acordos com os norte-americanos, instalou uma base americana na ilha, um destacamento de militares que foi para lá enviado com o objetivo de ocupar um local estratégico, excelente observatório dos potenciais ataques alemães ou dos aliados durante o conflito. Até hoje, quem visita a ilha pode contemplar canhões de alto calibre e alojamentos construídos no período da ocupação americana. Noronha só foi aberta ao público comum e se tornou um ponto turístico ao final da década de 1980; curiosamente, o governador de Pernambuco nessa época era Miguel Arraes, antes prisioneiro, agora assinando a carta de término daquele ciclo tão obscuro da ilha. A história é vasta e, certamente, a professora Marieta Borges tem muito mais experiência no assunto Fernando de Noronha, por isso concluo aqui, confesso, com dificuldades, por ser um amante contumaz da história da ilha, meu breve relato. Agora, como Noronha e Dmitri Karamázov se encontram neste texto? Na dicotomia entre bem e mal que permeia nossa vida, nosso individualismo e nossa experiência. Somos confrontados diariamente com esse paradigma inerente ao ser humano, fazemos perguntas como: Por que isso aconteceu comigo? Por que não consigo largar esse vício? Por que é tão difícil ganhar dinheiro? Por que odeio tanto essa pessoa? Quando isso tudo vai acabar? O bem pairando e o mal sorrateiramente aparecendo em inúmeros momentos da nossa existência e daqueles que, de alguma maneira, têm alguma

---

[9] Livro *Fernando de Noronha – cinco séculos de história* – Coleção "Cadernos Noronhenses", de Marieta Borges Lins e Silva (1939-2019).

influência sobre nós. A obra de Dostoiévski tem muito sobre este dilema: quero ser bom, mas ao mesmo tempo o ambiente, as situações e as emoções me fazem ser mau ou tomar decisões tolas. Nossa reflexão hoje é sobre isto, buscar sempre o equilíbrio, o ruim nunca deve prevalecer sobre o bom, o adequado, o ético e a verdade. Uma palavra não, às vezes, é muito mais difícil de se proferir do que um sim, mas ela certamente irá trazer mais benefícios com o passar do tempo. Em Noronha, como dizia, os canhões dos séculos XVI e XVII dos portugueses, assim como os mais modernos da década de 1940 dos americanos, ainda estão por lá, alguns dentro de fortes e edificações antes utilizados para a proteção e para o ataque, hoje são cenário para fotos de casais apaixonados, ou famílias sorridentes e felizes, admirando o deslumbrante mar aberto, ou assistindo a um maravilhoso pôr do sol. Os alojamentos, que antes abrigavam soldados preparados e treinados, sofrendo certamente com o calor escaldante da ilha, hoje são lanchonetes de venda de sorvetes, açaí e farmácias, em sua maioria ocupadas por ilhéus que têm a ligação familiar com os momentos sofridos e terríveis daquele lugar. Há também um livro sobre Fernando de Noronha com um título bem apropriado: *Fernando de Noronha: da ilha maldita ao paraíso*, de Ely Pereira de Ávila, contando relatos chocantes que nos fazem ficar perplexos, chorar, rir e encher o coração de júbilo e esperança. Fica aqui ao leitor minha sugestão para que reflita sobre o equilíbrio e a disposição em sua vida para ficar sempre do lado do bem, deixando de lado as dúvidas, inseguranças, erros cometidos e os substituindo pelo arrependimento, mudança de curso, adoção de hábitos eficientes e buscando sempre se aperfeiçoar. Faça de sua atual ilha maldita um paraíso acolhedor e precioso, assim como a minha amada Fernando de Noronha.

"

Uma vida sem reflexão não vale a pena ser vivida.

— Sócrates

O caro leitor certamente já ouviu falar, ou teve contato com algum tipo de publicação na mídia geral sobre as chamadas "Zonas Azuis". Até o momento que eu escrevo este texto são identificadas pelo menos cinco regiões em diferentes países do mundo como Zonas Azuis, uma pequena cidade na Sardenha, Itália; Okinawa, no Japão; Nicoya, na Costa Rica; Ikaria, na Grécia; e, mais recentemente, Loma Linda, na Califórnia. Há um vasto material disponível para que se possa conhecer o que se passa nesses lugares onde as pessoas vivem muito mais e são mais felizes. São feitos muitos estudos sobre o clima, a alimentação, a socialização, os hábitos, as atividades físicas e o pensamento dos habitantes desses locais. Descobriu-se que essas pessoas têm dietas equilibradas, praticam atividades físicas, mantêm relacionamentos saudáveis entre si, dormem bem, não têm hábitos maléficos à saúde, exercitam a sua fé de maneira constante e, principalmente, cuidam de sua saúde mental.[10] São coisas que, inicialmente, parecem óbvias e que não nos causam nenhuma surpresa, mas o fato é que não necessariamente colocamos em prática essa lista em nosso cotidiano. As justificativas são muitas: falta de tempo, dinheiro escasso, preguiça, procrastinação, depressão, e seguem as desculpas. Agora, quando ouvimos senhores e senhoras com 100 anos ou mais de idade, saudáveis e felizes, dando os testemunhos sobre sua experiência de vida nas *blue zones*, ficamos perplexos diante da realidade em que vivem. Não necessariamente há dinheiro em abundância, as pessoas se ajudam, colaboram constantemente entre si, não têm acesso a comidas ultraprocessadas, frequentam reuniões onde podem exercer a sua fé e congregar com vizinhos e amigos, fazem atividades ao ar livre, caminham mais e, certamente, têm uma dieta rica em alimentos nutritivos. Uma das coisas que

---

[10] "Como viver até os 100: os segredos das *blue zones*", documentário da Netflix apresentado por Dan Buettner.

mais me chamou a atenção foi o depoimento dos habitantes de Okinawa, que seguem um conceito que chamam de *ikigai*, que traduzido literalmente do japonês para o português seria algo como razão para viver ou propósito de vida. É um conceito amplo que merece uma atenção especial. Não é incomum que tenhamos sonhos ou metas, objetivos a serem atingidos em nossa vida, e isso é uma excelente prática, entretanto, *ikigai* é muito mais extenso e abrangente, é nosso propósito de vida, qual é nossa razão de ser, para que estamos aqui e como podemos seguir um caminho que tenha significado para nós mesmos e para o próximo. Quando encontramos nosso propósito, nosso *ikigai*, somos mais felizes, conformados e completos. Isso nos faz viver mais e melhor. É lindo ouvir as pessoas falando sobre isso, são discursos simples, mas cheios de intensidade e vigor. Pode ser uma atividade manual ou mental, um hábito, uma vocação, algo que incentiva, completa o espaço vazio e traz paz de espírito. O grande desafio, todavia, é saber qual é seu propósito, pois não paramos para identificá-lo. Nos dias de pressa, imediatismo, resultados rápidos e sem esforço que vivemos hoje, o tempo para a reflexão é deixado de lado. O leitor já deve ter percebido que praticamente todos os grandes líderes, empresários de sucesso, pessoas que são reconhecidas mundialmente por seus feitos têm um aspecto em comum: todas falam em reflexão, seja em forma de meditação, orações, rezas, enfim, um tempo em que param para pensar e colocar em perspectiva tudo o que as rodeia, trabalho, pessoas, situações, ideias, planejamento, preparação para algo e ponderação sobre a vida como um todo. Há momentos em que precisamos sair do plano concreto e observar o que acontece conosco por outra dimensão. Não falo aqui sobre esoterismo ou práticas que transcendem o natural, mas sobre reflexão pura mesmo, aquela a que se refere o filósofo grego Sócrates em sua célebre frase que inspira este texto. Não vale a pena viver uma vida sem reflexão. Como um ser humano, eu entendo que isso pode ser desafiador caso ainda não seja uma prática em sua vida. A reflexão pode ser algo desconhecido, enigmático ou cabalístico em um primeiro momento, é como nos sentimos no primeiro dia em um novo emprego, na nova escola, na faculdade, na academia de ginástica, sim, tudo parece novo e misterioso, mas com o passar do tempo vamos nos adaptando e criando o hábito que passa a ser automático e poderoso. Caso ainda não tenha identificado o seu *ikigai*, comece hoje mesmo essa busca e encontre o seu verdadeiro propósito.

> Se você acredita que pode mudar — se faz disso um hábito — a mudança se torna real.

— Charles Duhigg, no livro *O poder do hábito.*

Conheci minha esposa no ano de 2007, na Páscoa. Fomos apresentados por amigos em comum, já havíamos nos falado por telefone, mas não nos conhecíamos pessoalmente ainda. Havia cerca de sete anos que eu tinha me divorciado e precisei passar por um *reset* na vida, recomeçando fases e passando por grandes aprendizados. Dentre as muitas mudanças, uma das que mais me ajudou no amadurecimento foi o fato de morar sozinho, ter que tomar decisões aparentemente simples, como qual cortina colocar na sala, ou quais quadros pendurar na parede do corredor, tapetes, eletrodomésticos, talheres, panelas, panos de prato, toalhas e roupas de cama; enfim, decidir tudo de maneira unilateral pode parecer desafiador e realmente é, mas traz recompensas interessantes e valiosas. Lembro-me de chegar na Camicado e ser abordado pela vendedora que me perguntou: "Em que posso ajudar, o que o senhor está procurando?". Parei por alguns segundos e tive que organizar a complexidade de respostas para aquela, aparente, simples pergunta. Respondi: "Moça, preciso de tudo!". Aos 33 anos, nunca tinha parado para escolher uma colher de café, ou um jogo de toalhas de mesa, pois tudo havia sido decidido sem a minha interferência no passado, ou, talvez, somente havia sido consultado sobre qual a melhor cor ou tecido, mas nada que ultrapassasse a parcela de 30% ou 40% da decisão final. Morar sozinho traz responsabilidades que são deixadas de lado em uma casa compartilhada com outras pessoas. Quem viveu a experiência sabe o que é chegar em casa, abrir a geladeira e se deparar com aquela tigelinha Tupperware azul, esquecida ao fundo com o restinho da pizza de queijo comprada há duas semanas, na verdade não é mais uma pizza, mas uma colônia de fungos que poderia ser estudada na feira de ciências do seu filho mais novo. Ou, quem sabe, chegar à noite do trabalho e encontrar a sala alagada pela chuva da tarde, graças ao seu esquecimento de fechar a janela ao sair pela manhã. Há questões mais profundas, entretanto, tem dia que chegamos em casa e agradecemos a Deus o fato de estarmos sós, em silêncio, livres para fazer qualquer coisa que nos venha à cabeça. Há outros dias, no entanto, em que, ao abrirmos a porta e avistarmos os cômodos vazios e silentes, lágrimas vêm aos olhos, sentindo falta de pessoas amadas ao nosso redor. O saldo final é positivo, pelo menos para mim foi, mesmo com os altos e baixos, a experiência foi profunda e restauradora. Enfim, de volta a 2007, eu já havia recuperado muita coisa, a conta bancária, a alegria e, principalmente, a autoestima. Vi naquele momento uma oportunidade de me mudar para o bairro que ocupava meus sonhos há muitos anos, era agora ou nunca. Comecei a procurar imóveis, conhecer a vizinhança e estudar os melhores caminhos de casa para o escritório, driblando o pesado trânsito da capital paulistana. Em uma conversa com um amigo do trabalho, ele me disse na lata: "Samuca, você está procurando um apartamento, mas o que você precisa mesmo é casar de novo! Vou apresentar a você uma amiga da minha esposa". Ouvi, suspirei e timidamente concordei com o meu amigo, já sabendo, antecipadamente e com total ceticismo, que a história não iria prosperar, mas, por respeito e admiração a ele, concordei em conhecer a tal amiga. Semanas se passaram, encontrei o apartamento ideal para meu perfil e já estava com a minuta do contrato para ser assinada em mãos quando me vi ao telefone conversando com ela, sim, a amiga da esposa do meu amigo. Surpreendentemente o papo foi muito bom, agradável, prazeroso, daqueles que a gente não sente o tempo passar. Marcamos enfim o primeiro *date* e, como um bom geminiano, fiz toda a programação para arrasar, impressionar da melhor maneira possível e tornar aquela noite inesquecível. Nós dois éramos solteiros, livres e desimpedidos, independentes, morando sozinhos em apartamentos comprados com o sagrado suor do trabalho e estávamos à procura de alguém interessante. Cheguei ao apartamento dela e fomos para um restaurante badalado na Vila Nova Conceição. A conversa seguia boa, assuntos variados, comida e bebida de primeira, começamos a falar sobre vida profissional e ela iniciou um relato de sua carreira como professora de educação física e personal trainer. Fui ficando tenso, afinal, novamente como um típico geminiano, já havia começado e desistido diversas vezes da tão temida academia. Esteiras, pesos e aparelhos de musculação não eram, definitivamente, um assunto que eu dominava. A luta contra a balança sempre foi motivo de frustração, nunca havia pisado no terreno da obesidade, mas igualmente nunca habitei no terreno da vida saudável e atlética. Aquilo não era o melhor de mim. Ao final da noite eu senti que precisava partir para uma estratégia mais efetiva, não queria perder a oportunidade de conhecê-la melhor, mas me matricular novamente na academia e chegar pelo menos a uma forma física aceitável em alguns dias não era possível. Não havia outra alternativa a não ser a minha querida música. Dois ou três dias se passaram e corri ao telefone para pressionar os números da amiga da esposa do meu amigo. O plano era simples, ou pelo menos para mim era, chegaria no apartamento dela com flores, vinho, queijos e meu piano! Sim, aquilo seria a cartada final, o meu parceiro de 88 teclas nunca havia me decepcionado. E assim passamos uma noite incrível, toquei o repertório inteiro desde "Your Song", do genial Elton John, até a arrebatadora "Eu sei que vou te amar", do eterno mestre Tom Jobim. Não deu outra, tudo se encaixou perfeitamente e naquele mesmo dia um amor delicioso e verdadeiro surgiu, minha amada parceira Regiane, que está comigo há exatos dezessete anos no momento em que escrevo este texto. Temos a linda Vittória, fruto do nosso amor, e vivemos uma vida maravilhosa. Mas toda essa história o que tem a ver com a frase que inspira este texto do retumbante sucesso *O poder do hábito*? A entrada da atividade física em minha vida. Pouco tempo após o início de nosso namoro, eu resolvi enfrentar esse desafio de peito, ou melhor, de peitoral aberto. Já se vão anos e anos, em que segundas, quartas e sextas, religiosamente às sete da manhã, se alguém quiser me encontrar, vai ser na academia. Virei um apaixonado pela musculação, nos efeitos que ela tem não só no crescimento e definição dos músculos, mas na saúde em geral, no bem-estar, na endorfina que produz a sensação de missão cumprida e metas atingidas. Sim, pelo exemplo e influência da minha amada Regiane, a atividade física virou um hábito para mim, uma rotina que é semanalmente cumprida sem que haja esforço excessivo e com prazer verdadeiro. O hábito quebra barreiras consideradas instransponíveis e transforma a sua vida e o mundo em que vivemos. O best-seller de Charles Duhigg é leitura obrigatória para quem deseja uma verdadeira mudança de comportamento. Chega de desculpas, justificativas e lamentações. Conheça o poder do hábito e experimente os seus maravilhosos efeitos. Ah, ia quase me esquecendo de concluir a história do apartamento que eu havia já assinado o contrato antes de conhecer a Regiane, lembram? Sim, era um lindo *studio* com uma suíte, cozinha americana, sacada, típico recanto de um solteirão chegando na meia-idade, mas depois de tudo que contei aqui, cancelei aquele contrato e com muita alegria assinei outro, de um perfil totalmente diferente, sala ampla, três suítes, escritório, cozinha equipada e lavanderia espaçosa, afinal, não estaria mais sozinho, vieram mais pessoas amadas: a esposa primeiro, a filha querida depois de um ano e a outra, a primogênita, que após longos quinze anos voltou a morar comigo, mas essa é uma outra história.

> Não sejas demasiadamente justo, nem demasiadamente sábio; por que te destruirias a ti mesmo?

— Bíblia, Eclesiastes 7:16

Uma das minhas grandes premissas ao decidir escrever este livro foi me afastar de assuntos polêmicos ou que pudessem identificar algum viés político, religioso ou comportamental. Sempre tive a intenção de poder atingir qualquer pessoa, independentemente de seus credos, preferências ou costumes. O tema aqui é vida, e nesse sentido somos todos iguais, nascemos, vivemos e morremos. Faço essa pequena observação inicial porque cito aqui um versículo da Bíblia Sagrada e vou falar sobre minha experiência com a religião e com a Igreja. Não citarei nomes nem denominações, apenas compartilharei com o leitor a minha história, como tenho feito em diversos textos do livro. Não há aqui nenhum tipo de julgamento ou preconceito relacionado à fé individual. Sempre respeitarei as escolhas de cada um e peço ao leitor que tenha a plena convicção de que o respeito é um atributo presente abundantemente em meu caráter. Já nasci em um lar religioso, pais e avós que sempre tiveram na fé e na igreja o conforto e o lugar de segurança para suas orações de agradecimentos e pedidos a Deus. As minhas mais tenras memórias têm sempre esse contorno do sagrado e da dedicação a Deus. Lembro-me de estar sentado ao lado de meu pai, ouvindo o pregador ministrando seus ensinamentos, folheando a Bíblia, exortando e ensinando aos presentes o caminho da fé. Claro que, por muitas vezes, pegava no sono e acordava com as vozes em uníssono cantando um hino acompanhado pelo potente órgão e seus tubos gigantescos ecoando os acordes das estrofes com mensagens de incentivo ao exercício da fé na vida cotidiana. As palavras ainda não faziam sentido para mim, mas eu sabia que estar ali era o correto e, por mais que os bocejos e divagações da infância me pegassem de surpresa, eu tinha a consciência de que Deus habitava aquele lugar e nos amava incondicionalmente. Foram anos, muitos anos de participação ativa na igreja. Cresci sentado em cadeiras de cultos e escolas dominicais, ouvindo professores, pastores e mestres que interpretavam as escrituras sagradas e traziam lições para a nossa vida. Fui crescendo e me interessando pela música, comecei a tocar piano e encontrei ali um refúgio que nunca mais saiu de perto de mim. As vibrações das cordas, o som das teclas brancas e pretas ao serem dedilhadas, os pedais e suas funções técnicas, a harmonia e a melodia dançando juntas aos mais variados ritmos, tudo isso me fascinava, me elevava e me transcendia. A música da igreja, chamada de louvor a Deus, tem ainda elementos adicionais, pois, aliada às letras de adoração ao Eterno Pai, nos faz refletir, chorar, desejar estar mais perto do sagrado e nos alegra. A partir de um determinado momento de minha vida, passei a ser líder dos músicos da igreja, cantava no coral, participava de eventos onde tocávamos e cantávamos em diversos locais, outras igrejas, encontros de casais, retiro de jovens. Uma vez fomos a um leprosário na cidade do Rio de Janeiro levar conforto e alegria para homens e mulheres acometidos por essa terrível doença, que sorriam, choravam, cantavam e nos pediam orações ao final das apresentações. Eu me vi também em momentos nos quais passei a ser também um interlocutor da palavra de Deus como professor de escola dominical, líder de jovens e pregador eventual nos cultos de domingo e em congregações espalhadas por cidades do interior e de outros estados. Durante 33 anos, eu sempre tive a agenda dos finais de semana já comprometida, não havia escolha, era ir à igreja ou ir à igreja. Hoje vejo que isso me custou momentos com a família ou amigos, quem sabe até mesmo uma tarde de domingo preguiçosa, daquelas que a gente almoça deliciosamente e corre para tirar uma boa soneca no sofá da sala ou na rede da varanda. Havia também o culto de final de ano em que, durante todos esses anos que vivi por lá, colocávamos os joelhos em terra e passávamos os primeiros minutos do novo ano orando, agradecendo a Deus pelo ano que terminava e pedindo as bênçãos dele para o ano que se iniciava. Não foram poucas as vezes em que ali, ajoelhado, sentia tristeza quando ouvia os estampidos dos fogos de artifício e o tilintar das taças de champanhe. Houve momentos em que não só os finais de semana e as passagens de ano eram prioridade da igreja, pois havia também os cultos de segunda, quarta, ensaios do coral às sextas e encontros de louvor aos sábados. Isso sem contar o tempo de preparação e estudo para as aulas e pregações. Nesse mesmo período, já tinha uma carreira iniciada na área de tecnologia e isso me orgulhava muito. Viajava pelo Brasil e para outros países, participando de reuniões e eventos que me traziam tanto regozijo que, ao contrário de muitos, eu gostava quando ia me deitar no domingo à noite, pois sabia que meu outro mundo, o trabalho, estaria me aguardando na segunda bem cedo. Havia um conflito em minha vida, eu amava a Deus, mas já estava esgotado com a igreja e com tudo o que ela havia tirado de mim. Sentia um peso da excessiva responsabilidade e comprometimento, não com Deus, mas com os chamados homens e mulheres de Deus. Nada era permitido sem a anuência do líder, e qualquer atividade não relacionada à igreja tinha um alto potencial de resultar em pecado. Versículos extraídos isoladamente da Bíblia eram utilizados para a exortação quase insuportável de se ouvir, trazendo aos ouvintes da congregação o pensamento de que deveriam seguir esses preceitos à risca ou teriam sérios problemas com Deus. Homens que deveriam ser líderes amorosos tornavam-se déspotas e tiranos, cuja vontade deveria ser atendida imediatamente, à custa de sérias represálias oriundas do não atendimento às suas ordens. Por várias vezes eu via no rosto das pessoas o cansaço, desespero e confusão. Era melhor obedecer incondicionalmente e evitar o conflito com o homem de Deus. A palavra Eclesiastes vem do grego *Ekklesiastes*, que quer dizer pertencente a uma assembleia, pregador. A raiz *Ekklesia* quer dizer reunião, assembleia, igreja. O livro de Eclesiastes, também chamado de Pregador, atribuído ao rei Salomão, tem em princípio o objetivo de trazer lições sobre a transitoriedade da vida, vaidade das coisas mundanas, inspiração e orientações sobre como viver de maneira equilibrada. O versículo que inspira este texto fala sobre excessos;

considerar-se excessivamente justo ou excessivamente sábio é uma posição arrogante, desequilibrada e que só pode trazer destruição ao pregador e aos seus seguidores. O que deve ser encorajado, entretanto, é a vida com moderação e humildade, reconhecendo que ninguém é perfeito nem pode estar acima do próprio Deus. Lembro-me de uma história que ouvi de um pastor africano chamado Joseph Smith. Ele contava que um homem chegou correndo, atrasado, até a igreja em seu vilarejo, onde os louvores já podiam ser ouvidos da rua. Ao chegar nas escadarias que levavam até o templo, viu Jesus Cristo sentado em um dos degraus. O homem surpreendeu-se ao ver o próprio filho de Deus ali, parou e perguntou: "Jesus, o que o senhor está fazendo aqui fora da igreja, por que não entra?". Ao que Jesus lhe respondeu: "Meu amigo, eu tentei entrar, mas eles não precisam de mim lá dentro". É uma história singela, mas tem um profundo significado na Igreja da atualidade, onde há tantas celebridades e personalidades cuja presença é até mesmo mais valorizada do que a do próprio Deus. Enfim, aos 33 anos, após mudanças profundas em minha vida, eu saí da Igreja. Era o final do ano 2000 e o Ano-novo se aproximava. Pude finalmente realizar um sonho antigo, colocar uma roupa branca, descalço na praia, olhar para o céu e contemplar os fogos de artifício, que davam as boas-vindas ao novo tempo. Levantei a taça de champanhe e agradeci a Deus por aquele tão desejado momento, sim, ele estava ali comigo, sempre esteve e sempre estará. Ele não está somente na Igreja; aliás, acredito que está em apenas uma pequena quantidade delas. Hoje, mais de trinta anos depois, não quero ser demasiadamente justo nem demasiadamente sábio, mas buscar sempre o equilíbrio e a temperança.

"

O homem pode fazer o que quer, mas não pode querer o que quer.

— Arthur Schopenhauer, no livro
O mundo como vontade e representação.

Durante minha carreira profissional, tive a oportunidade de viajar para muitos lugares do mundo, principalmente aos Estados Unidos da América. Trabalhei em empresas com sede no Colorado, na Califórnia e em Nova York. Foram, talvez nos últimos quase trinta anos, algo próximo de duas centenas de viagens, entre eventos, treinamentos, seminários, reuniões de equipes regionais, cursos e visitas com clientes. No ano de 2000, apareceu uma interessante chance de fazer um curso de gerenciamento de canais de distribuição com uma empresa americana famosa na área. Eu tinha o cargo de gerência dessa área em uma gigante multinacional do segmento de armazenamento de dados aqui no Brasil, portanto, nada mais justo do que buscar a aprovação de recursos na empresa para que eu pudesse participar desse treinamento. Após todos os trâmites corporativos, finalmente veio a aprovação e comecei os preparativos para minha viagem a Nova York. Seria a minha primeira vez por lá e fiquei bastante ansioso, positivamente, para conhecer a tão famosa *Big Apple*. A história da cidade sempre foi envolvida com polêmicas, altos e baixos, criminalidade, condições climáticas rigorosas, escândalos financeiros e assassinatos famosos. Por outro lado, Nova York igualmente encheu nossos olhos, ouvidos e mentes através das produções de Hollywood, musicais de sucesso, os imponentes arranha-céus do início do século XX, como o Flat Iron, Woolworth, Chrysler e o icônico Empire State. Quem nunca sonhou em caminhar pelo Central Park, ao estilo Tom Hanks e Meg Ryan,[11] de mãos dadas atravessando suas ruelas sinuosas, vislumbrando os lagos, as espetaculares árvores amarelas e avermelhadas no outono, ou desfolhadas e cobertas de neve no inverno? Colocar os pés nos ladrilhos dos jardins de Strawberry Fields com a palavra *Imagine*

---

11 Filmes com Tom Hanks e Meg Ryan em Nova York: *Sintonia de amor* (1993) e *Mensagem para você* (1998).

ao centro em homenagem ao cantor John Lennon. Aliás, a cerca de quarenta metros dali pode-se chegar ao edifício Dakota, que foi palco do chocante assassinato de Lennon no dia 8 de dezembro de 1980 por Mark Chapman. Alinhados ao Dakota, ficam os mais elegantes edifícios habitacionais da ilha de Manhattan, no Upper West Side, que, fazendo paralelo ao igualmente elegante Upper East Side, do outro lado do Central Park, são chamados de *home sweet home* por artistas, celebridades e endinheirados do mundo financeiro, esportivo, político e artístico. Ali está também o Metropolitan Museum of Art, carinhosamente chamado de Met, recebendo milhões de visitantes de todos os cantos do mundo para visitarem suas gigantescas alas que remontam a história da humanidade, suas ferramentas, vestimentas, móveis, armas, instrumentos musicais, pinturas e esculturas. Nova York nunca para, *the city that never sleeps*, eternizada por Frank Sinatra nas letras da canção "New York, New York", que certamente foi entoada diversas vezes na casa de shows mais glamorosa do planeta, o Carnegie Hall ali pertinho, na Sétima Avenida. Nova York, a ilha de Manhattan especificamente, é um lugar onde carros, com exceção de táxis, limusines e transportes por aplicativo, devem ficar na garagem. A oferta de transporte público é imensa e não há um quarteirão sequer que não ostente placas com letras e números de diversas cores indicando o metrô, o *subway,* que passa por ali. Lembram da cena do filme *Ghost – do outro lado da vida (1990),* em que Patrick Swayze, interpretando a alma ainda confusa de Sam Wheat, aprende com um assustador fantasma do metrô como interferir nas coisas materiais mesmo sendo um espírito sem corpo? Sim, foi em uma das intricadas e complexas linhas subterrâneas da ilha. Enfim, volto ao ano de 2000 em minha primeira viagem a esse local que já fazia parte de minha vida em muitos momentos, mas que agora eu tinha a real oportunidade de pisar nas ruas apinhadas de pessoas e finalmente respirar os seus ares. Fiz o curso, aproveitei cada minuto daquele aprendizado, agradecido por estar aprendendo algo que me seria tão útil, ainda mais em um lugar que há tanto tempo desejava conhecer. No dia de minha partida, o longo *red eye* de quase dez horas de duração da American Airlines sairia do aeroporto JFK para Guarulhos aproximadamente às 22h30. Era ainda bem cedo, eu havia tomado meu café e tinha bastante tempo para aproveitar a cidade. Tomei um táxi amarelo, daqueles que sempre nos filmes ninguém consegue fazer parar, ou, quando consegue, um espertinho mais rápido acaba roubando o seu. Eu tinha um destino já traçado e pensado, as torres gêmeas, o World Trade Center. Inauguradas em 1973, as impressionantes torres Norte e Sul tinham 110 andares cada, localizadas na região de Lower Manhattan, extremo sul da ilha, entre as ruas West Street, Vessey Street, Liberty Street e Church Street, o complexo ocupava uma enorme área nessa região, incluindo os bairros do coração financeiro americano e mundial, Battery Park City e Financial District. Ali, bem próximo fica a icônica Wall Street, lar das bolsas de valores de Nova York, a NYSE e a Nasdaq. Bem próximo também fica o célebre *Charging Bull*, encarregado de jogar as ações para o alto, impulsionadas metaforicamente por seus músculos e enormes chifres, onde centenas de pessoas fazem filas diariamente para tirar fotos, mas principalmente passar notas de dólares nas partes íntimas do touro, o que, diz a crença, trará bons agouros financeiros. Longas filas também havia no andar térreo da Torre Sul, onde bilheterias localizadas para o público vendiam ingressos para uma visita ao Top of The World Observatory, espaço localizado no 107º andar destinado aos curiosos turistas que, como eu, podiam contemplar das alturas as mais lindas vistas da ilha de Manhattan. A aventura começava ao tomar os elevadores que causavam vertigem pela velocidade vertical, saindo da base e disparando para atingir os mais de quatrocentos metros de altura, tirando gargalhadas de uns e causando calafrios em outros. Ao chegar ali, me senti realmente no topo do mundo, observando os minúsculos carros e pessoas a centenas de metros abaixo. Podia-se ver também a imponente *The Lady*, com seu cobre esverdeado, empunhando a tocha da liberdade na mão direita e a Declaração da independência dos Estados Unidos na mão esquerda, na Liberty Island, rodeada pelas águas abundantes e geladas do rio Hudson. Olhei as pessoas ao redor e todas compartilhavam o mesmo êxtase e regozijo de estarem ali naquele momento. Estávamos acima de tudo, o ruído dos carros e sirenes das viaturas das polícias e bombeiros haviam silenciado, os engravatados e suas valises não estavam ali, apressados com seus copos de café nas mãos, correndo para não perderem a abertura das bolsas de valores. Eram nove horas da manhã de uma terça-feira, um dia lindo, claro e ensolarado, me senti privilegiado por aquela oportunidade de ver o que as mãos dos homens podem construir e passei ali um tempo de contemplação, reflexão e agradecimento. Desci pelos elevadores, aproveitei o restante do meu tempo até finalmente entrar no avião e voltar para casa. Um ano se passou e eu estava em São Paulo, dirigindo meu carro no trânsito engarrafado de casa para o trabalho, quando recebi uma ligação de minha mãe me dizendo que um acidente havia acontecido em Nova York. Ao que tudo indicava, um avião de grande porte havia se chocado com a Torre Norte do World Trade Center às 8h46 da manhã daquela terça-feira, dia 11 de setembro de 2001. Ainda não havia dados suficientes para determinar se tinha sido um acidente, até que a exatos dezessete minutos depois, às 9h03, outro avião, o voo 175 da United Airlines que havia decolado de Boston com destino a Los Angeles, se chocava com a Torre Sul. Não havia mais dúvidas, Nova York estava sob um ataque terrorista. O mundo assistiu atônito às imagens da Torre Norte em chamas e o gigante Boeing 767-200 atingindo com precisão inclemente e cruel a Torre Sul. Tudo isso ao vivo, com imagens dignas dos filmes de Hollywood. Assim como todos que viam aquelas cenas, eu não conseguia entender se era real, seria algum truque, algum efeito especial, seria um replay do primeiro avião se chocando com a Torre Norte, algum erro dos controladores de voo do espaço aéreo americano? Foram minutos angustiantes e eu não conseguia deixar de pensar em minha visita nesse mesmo horário, em uma terça-feira igualmente linda e clara como aquela, vislumbrando as estonteantes paisagens da ilha. Imaginei quantos turistas, visitantes estariam ali naquele momento, conhecendo tudo pela primeira vez, realizando sonhos, sorrindo e aproveitando cada segundo. Pensei no Top of The World Observatory, que a partir das 9h03 daquela manhã havia se transformado de um local de alegria para um cenário de devastação e desespero. Pais, mães, filhos e filhas, trabalhadores, jovens, crianças, idosos, pessoas que estavam ali nas torres ou nos voos sequestrados conseguiram fazer ligações para os serviços de emergência ou para as suas famílias, como a comissária do voo que se chocou com a Torre Norte, o American Airlines 11, Betty Ong, o executivo de seguros Kevin Cosgrove, Brian Sweeney, passageiro do voo 175, Ed Nichols, executivo de uma empresa de TI, que deixaram mensagens relatando sua angústia e declarando amor aos seus queridos. Além deles, 2.996 pessoas, entre civis, bombeiros, tripulantes dos voos e policiais, perderam a vida no terrível dia 11 de setembro de 2001. Eu sempre repudiei relatos de pessoas que sobreviveram a situações de catástrofe com muitas vítimas, considerando-se sortudas ou abençoadas por não terem perdido a vida por um pequeno momento, uma simples mudança ou algo que as impediu de estarem ali com outros que faleceram. Eu considero esse pensamento egoísta, afinal, como podem dizer "eu sobrevivi e fui abençoado"? E as outras pessoas que morreram, foram azaradas e perderam a bênção? Acredito que nosso plano está traçado, não considero que somos predestinados e nada vai mudar nossa história, mas quando chega nossa hora de ir, não há o que mudar. Compartilho a frase do filósofo alemão Arthur Schopenhauer (1788-1860), por acreditar que fazemos, sim, o que queremos, e isso muda nossa história, nos eleva ou nos derruba, é o livre-arbítrio, são as escolhas que formam nosso caráter. Por outro lado, não há como querer o que queremos, podemos, sim, desejar o melhor para nós mesmos ou para os outros, mas não significa que isso irá certamente acontecer. Há situações que controlamos, mas outras que não estão sob nosso alcance, e a isso podemos chamar de destino. Eu não estava em Nova York no dia 11 de setembro de 2001, mas estava lá um ano antes, na exata condição em que milhares de pessoas perderam suas vidas. Não me sinto sortudo ou abençoado, simplesmente não era a minha hora, mas tenho imensa compaixão e respeito por todos os que estavam ali. Recentemente, mais de vinte anos depois, estive com minha esposa e filha no memorial que foi construído exatamente no local onde as torres existiam. Há uma lista com os nomes de todos os que perderam suas vidas, um local de extrema comoção e respeito que merece ser visitado para que sejam prestadas as devidas e merecidas honras às vitimas daquele dia hediondo.

> Ensina a criança no caminho em que deve andar, e, ainda quando for velho, não se desviará dele.

— Bíblia, Provérbios 22:6

Hoje é sábado, quase 21 horas, e eu me deparo com esse versículo que irá inspirar o texto do meu livro, esse projeto que me acompanha há muitos anos e que me enche de prazer. Escrever é algo que me transporta a alma para outras dimensões, me faz viajar no tempo e buscar na memória tantas lembranças que me marcaram e me fizeram amadurecer. Já chegando perto dos 60 anos, tenho a rara felicidade de ter meus pais ainda vivos, privilégio de poucos. Ainda mais emocionante é que os dois completarão 89 anos agora em 2024, com saúde, ativos, estudiosos, dedicados, independentes financeira e fisicamente. Preciso e desejo aproveitar cada oportunidade ao lado deles, pois a vida é como um vento suave e fugaz. Entro na máquina do tempo e programo o ano de chegada para 1976, quando um dos meus programas favoritos entre os 9 e 10 anos de idade, era acompanhar meu pai aos sábados, na Universidade Mackenzie, em mais um dia de trabalho como professor do tão temido cálculo diferencial e integral. Chegávamos em nosso Dodge Polara, o famoso "doginho", azul metálico, bancos de *courvin* pretos, quatro marchas, das quais a segunda produzia um ronco nervoso e causava uma aceleração impressionante que dava um friozinho na barriga. Saindo do estacionamento, descíamos uma grande escadaria e já avistávamos as quadras poliesportivas, palco do glorioso e inesquecível "Dia do Mackenzie", em que todos os alunos vestiam-se de branco dos pés à cabeça, em formações de blocos, marchando organizadamente, deixando apenas a grande letra M vermelha estampada no peito brilhar e protagonizar a celebração de mais um aniversário do Instituto Presbiteriano. Passávamos por prédios construídos no final do século XIX, história iniciada no ano de 1870 pelo casal norte-americano Chamberlain, o reverendo George e sua esposa, a pedagoga Mary. Ao chegarmos à sala de aula, os alunos sentados de forma organizada já aguardavam respeitosamente e em silêncio o mestre, tratamento reverente dado aos professores universitários na época. Eu entrava quietinho ao lado de meu pai e me sentava nas últimas fileiras. Nas primeiras vezes, os alunos ficavam surpresos, sorriam para mim, acenavam as mãos e, rapidamente, já percebiam que se tratava do filho do mestre Samuel, o Júnior, ou Samuelzinho. Claro que não faltaram os brincalhões que, carinhosamente, me apelidaram de "Leitãozinho", não por meu físico, pois era um menino magro e comprido, mas fazendo um gracejo amável com meu querido pai, o que me orgulhava muito. O que eu mais aguardava era quando meu pai começava a escrever na lousa, no antigo quadro-negro, com gizes coloridos, traços precisos, todos à mão livre, sem a utilização de esquadros, réguas ou compassos. Os círculos e as parábolas eram incríveis, perfeitos, assim como as letras gregas, muito utilizadas nesse segmento da matemática. Lembro de meu pai falando com eloquência sobre os teoremas de Pitágoras, ou Lagrange, um nome que eu achei engraçado a primeira vez que ouvi, passando pelas integrais, derivadas e limites. Tudo para mim era um gigantesco e incrível desenho colorido feito ali, por meu pai, claro que eu não entendia absolutamente nada do que era explicado, mas isso não importava, pois o orgulho sobrepujava qualquer necessidade de entendimento lógico da matéria naquele momento. Apesar de absorver cada segundo daquelas aulas fabulosas, eu começava a desejar o final delas, porque sabia que haveria outro momento maravilhoso daqueles sábados memoráveis, iríamos eu e meu pai, juntos, para o centro da cidade. Terminada a aula, alunos cumprimentavam o mestre e faziam comentários carinhosos para o "Leitãozinho", chegava a hora da caminhada. Saíamos pelos portões antigos da rua Maria Antônia, onde alguns anos antes, no dia 2 de outubro de 1968, alunos do Mackenzie e da USP protagonizaram uma confusão por conta de divergências políticas, que acabou com dezenas de pessoas feridas, mas tudo isso estava no passado durante a nossa caminhada rumo à rua da Consolação. Passávamos por sapatarias tradicionais, como a Dominguez e a Di Pollini, sentindo o delicioso cheiro das coxinhas e quitutes da Doceria Holandesa. A porta de entrada do centro da cidade era a praça do Patriarca, movimentada pelos pontos de ônibus que aguardavam os passageiros apressados, havia também os anunciantes que bradavam os nomes das calças jeans: Lee, Levi's e US Top. A Camisaria Colombo, hoje uma loja mais acessível, era, na época, uma grife exclusiva, tudo sob medida, ternos, camisas e gravatas expostos nas vitrines elegantes, as quais eu e meu pai somente admirávamos por fora, pois onde gostávamos de comprar mesmo era na Ducal, loja de roupas muito popular, cujo nome remetia a "duas calças", onde o cliente que comprasse um paletó e uma calça levaria a segunda com um belo desconto. Seguindo a caminhada, chegávamos até a praça Ramos e já avistávamos o Edifício João Brícola, que estampava um dos letreiros mais famosos do Brasil, o Mappin, no estilo que chamamos hoje de loja de departamentos; tinha de tudo, desde roupas, brinquedos, ferramentas até produtos importados. Bem perto dali, na rua 24 de Maio, tinha a maior concorrente do Mappin, a *Mestre et Blatgé*, ou Mesbla, também do mesmo estilo loja de departamentos. Curiosamente, as duas marcas tiveram finais dramáticos nas mãos da família Mansur na década de 1990. Um dos pontos mais altos do passeio era quando passávamos por uma lanchonete que preparava lanches de linguiças de Bragança no pão francês. Como era difícil resistir àquele aroma inebriante! Mesmo sabendo que minha mãe nos aguardava em casa com o almoço pronto, meu pai e eu nos deixamos levar pela guloseima pelo menos uma ou duas vezes. Escrevendo aqui, começo a salivar me lembrando daquele sabor espetacular. Voltávamos caminhando, subindo a Consolação e entrando novamente na rua Maria Antônia, atravessando os prédios estilosos da Universidade, a quadra poliesportiva, subindo as escadarias que nos levavam ao estacionamento, onde o singular "doginho" nos aguardava para mais uma viagem de volta a nossa casa. Que lembrança extraordinária, quantos sábados cheios de alegria e amor! Como esquecer a dedicação e os ensinamentos de meu querido pai e minha preciosa mãe para mim e para minha amada irmã Regina? Quando leio esse versículo de Provérbios 22:6, tenho a convicção de que sou fruto hoje do que meus pais plantaram no passado, nos ensinando no caminho em que se deve andar, na dedicação, na paciência, no suporte em todos os momentos, no amor incondicional e, principalmente, no caminho de temor a Deus. Sinto-me extremamente feliz e grato por ter nascido em um lar tão cheio da presença do Pai Celestial, que usou e ainda usa duas pessoas maravilhosas em minha vida. Amo vocês, papai e mamãe.

"

Se você quer
mudar o mundo,
comece arrumando
sua cama.

— William H. McRaven, almirante
da Marinha dos EUA.

Muita gente torce o nariz para essa frase, considerando-a pequena, simplória e sem efeito. Talvez muitos alunos da Universidade do Texas, que se formaram no ano de 2014, também a tenham descartado quando a ouviram no magnífico discurso do almirante McRaven, descrevendo o seu treinamento para se tornar um *US Navy Seal (Sea, Air and Land)*, oficiais preparados para atuar em qualquer terreno e em qualquer situação, que são submetidos a condições extremas e perigosas, sofrendo pressões físicas e psicológicas, que têm exatamente o objetivo de fazer um filtro natural, em que apenas algumas dezenas de pessoas permanecem de um grupo inicial de muitas centenas. No momento em que escrevo este texto, o canal oficial no Youtube da Universidade do Texas já soma mais de seis milhões de visualizações para o discurso do almirante, mas há outros ainda como o MotivationHub e Goalcast que, juntos, somam mais de cinquenta milhões de visualizações, isso sem considerar os inúmeros cortes e trechos que estão espalhados por outras redes sociais. São lições de vida incríveis e validadas por um verdadeiro herói, exibindo suas inúmeras condecorações bordadas na farda de gala branca, impecável. A essência das palavras do almirante é que uma pequena mudança com disciplina pode tornar-se um hábito saudável, gerando assim diversas outras mudanças e grandes conquistas que transformam vidas. É sempre sedutor o nosso desejo de ter grandes realizações, e isso é saudável, entretanto, o erro acontece quando saltamos etapas e buscamos atalhos para que a realização aconteça mais rapidamente. Quantos projetos iniciados e não concluídos temos em nossa vida? Certamente muitos. É comum no início de ano escrevermos as nossas resoluções para o tempo que se inicia: perder peso e manter uma vida mais saudável, largar vícios, aprender a tocar piano, comprar uma casa, trocar de carro, pagar as dívidas do cartão de crédito, terminar o curso da faculdade que iniciou no passado, adotar um cachorro e segue a lista. Igualmente comum é que essa lista caia no esquecimento no final do mês de janeiro ou, com muito esforço, que ainda permaneça até o final de fevereiro. Acredite o leitor que eu também faço parte desse enorme grupo de procrastinadores e desistentes. Quem nunca? Afinal, somos humanos e o erro é parte integrante de nossa formação. Podemos ter objetivos pequenos ou grandiosos, mas todos eles têm algo em comum: precisam de um primeiro passo consistente. Veja que apenas um primeiro passo não é suficiente, mas ele tem que ser consistente e repetido quantas vezes forem necessárias para que se torne um hábito. A partir daí as coisas passam a funcionar automaticamente e a mágica acontece, pois não precisamos mais pensar, o hábito já está estabelecido. Arrumar a cama, não metaforicamente, mas no sentido literal mesmo, é algo muito eficiente, pois determina uma missão a ser executada e cumprida. Se você arrumar a cama e tiver um dia ruim, cheio de derrotas e angústias, ao voltar para casa terá a cama arrumada e isso terá sido uma vitória naquele mesmo dia. Assistia outro dia a uma sessão de perguntas e respostas com um psicólogo famoso, em que uma mulher o questionava dizendo: "O senhor tem alguma resposta mais efetiva para grandes questões, como o que fazer com relação ao aquecimento global, ou como abordar as inúmeras questões relacionadas à diversidade em todos os aspectos, em vez de sugerir coisas banais como arrume a sua cama antes de qualquer coisa?". É comum as pessoas rejeitarem a ideia de começar significativas realizações por pequenas ações e isso ocorre porque um ato aparentemente singelo, isolado, sem plateia, pode ser frustrante, monótono e sem graça. Precisamos entender que tudo em nossa vida tem um primeiro passo, não importa quão longo seja o caminho. Minha esposa iniciou há alguns meses um treinamento para correr uma maratona, um sonho compartilhado por muitas pessoas, pelo charme, elegância e resiliência dos maratonistas que estão sempre superando seus limites. É realmente encantador ver os atletas dessa modalidade com seus tênis de alta tecnologia, óculos e roupas especiais, suplementos de proteína e carboidratos disponíveis em forma de gel em quantidades exatas para a reposição de energias durante as longas provas de resistência. Agora, há uma preparação enorme antes de se cruzar a linha de chegada e ostentar com orgulho a medalha no peito. Tudo começa com a preparação do físico, perda de peso, ganho de massa muscular, passando para a alimentação equilibrada, escolhendo ingredientes e quantidades adequadas para a manhã, tarde e noite. Dado esse primeiro passo, voltam-se as atenções para os tênis mais indicados ao perfil do corredor, com ou sem placa de carbono, tecidos e meias especiais. Começam então as etapas da corrida propriamente dita, inicia-se com uma distância menor, velocidade mais baixa, ou *pace* como eles gostam de dizer. Faz-se uma avaliação de como terminou o treino, muito cansado ou ainda com energia para gastar no próximo. Pelo menos uma vez por semana existem os chamados "longões", em que começam a testar a sua resistência para distâncias maiores. São inúmeras planilhas, determinando passos que não devem ser ignorados ou deixados de lado, tudo tem que funcionar com máxima precisão para que o atleta esteja preparado para enfrentar os 42 quilômetros no menor tempo possível. Mesmo com toda essa preparação, são comuns as histórias de corredores que se lesionam ou se frustram por não chegarem até a linha de chegada no tempo desejado, mas isso os motiva a recomeçar e tentar mais uma vez. Por outro lado, são igualmente comuns as histórias de "corredores", entre aspas mesmo, que querem cruzar a linha de chegada com um mínimo esforço, confiando apenas em seu enorme desejo de superação, variedade de suplementos, roupas, equipamentos e tênis caríssimos, além da ajuda do sobrenatural, o que nunca, nunca dá certo. Quero aqui incentivar o leitor para que não despreze os pequenos passos de seu cotidiano, eles parecem insignificantes, mas têm um enorme impacto em nossa vida. Desde que viemos morar no interior de São Paulo, eu passei a trabalhar em regime de *home office*, o que me dá a grande e exclusiva oportunidade de arrumar a minha cama todos os dias.

"

A vida é como uma caixa de bombons de chocolate. Você nunca sabe o que vai encontrar.

— personagem Forrest Gump, no filme homônimo.

Desde bastante jovem, um dos meus grandes sonhos sempre foi morar em uma casa no interior de São Paulo, não sei exatamente por quê, talvez porque desde criança tive algumas experiências agradáveis em casas de amigos dos meus pais e de amigos meus de infância e adolescência. Lembro de que íamos para Atibaia, na época em que frequentávamos a Igreja Presbiteriana, passávamos dias deliciosos em um condomínio chamado Estância Palavra da Vida, na casa do Sr. Sérgio, jogávamos WAR noite adentro, conquistando países e derrotando os inimigos estrangeiros. De manhã cedinho, íamos para o clube, que tinha uma piscina gigante onde eu ficava horas a fio, só tinha que sair para almoçar e esperar a digestão, porque os adultos falavam que se entrasse na água depois de comer poderia morrer. Foi nesse lugar que, aos 7 ou 8 anos, meu pai ensinou a mim e a minha irmã a dirigir, algo inimaginável hoje, mas sentávamos ao volante de nosso Corcel 1972 azul clarinho e lutávamos para não soltar a embreagem e fazer o elegante sedan saltar como um corcel jovem e ágil cavalgado por um cavaleiro inexperiente. Ficávamos também na casa do pai da Marcinha, melhor amiga da minha irmã. Era incrível esse lugar, porque a cada vez que íamos a casa estava maior, pois o Sr. Fernando, pai dela, sempre comprava outro terreno ao lado, construía e estendia mais um ou dois cômodos que cheiravam a alvenaria e tinta fresca cor de café com leite. Uma vez eu ia caminhando sozinho para o clube, em uma estradinha de terra, e apareceu um cachorro do nada, latindo e rosnando, tomei um susto, saí correndo e acabei perdendo a minha sandália havaiana, naquela época não era um item fashion como é hoje, mas o chinelo mais popular em todas as classes sociais brasileiras não tinha aquele mundo de cores e desenhos que existem agora, os modelos geralmente eram com a parte de cima branca e as tiras de borracha azuis ou verdes. Meu pai e o irmão mais novo dele, o tio Tonho, acabaram juntando forças e compraram um terreno lá na estância, era bem bonito, perto de uma linha de trem e, o melhor, já tinha um alicerce construído, o que animou a todos, pois seria uma etapa a menos na construção da tão desejada casa de campo. Mas no final o terreno de Atibaia foi vendido e trocado por um apartamentinho pequeno na praia de Astúrias no Guarujá. Depois de um tempo, já adolescente, meu melhor amigo, o Waltinho, tinha uma chácara em Valinhos, que todos chamavam orgulhosamente de sítio. Era um terreno de cerca de 15.000 m², grama bem cuidada, uma piscina estilosa e uma casa confortável daquelas pré-fabricadas de madeira que a gente quase não vê mais hoje em dia. O Waltinho era, aliás ainda é, um grande guitarrista, vive na Flórida atualmente, e naqueles tempos eu tocava com ele em um piano antigo, Pleyel, que era da mãe dele, gostoso de tocar e com aquele desafinado lembrando um som *Honky Tonky*. O pai do Waltinho era bem de vida, daqueles que agradam os filhos com brinquedos caros, ele tinha um Fapinha (quem é da época lembra bem o que era), um mini buggy bege, que mal comportava nossas pernas já compridas. Tinha também uma CG 125, que o pai dele mandava levar da empresa que ele era dono, uma prestadora de serviços, que fazia leituras de utilização de máquinas alugadas da Xerox e mandava as cobranças de quantas cópias tinham sido feitas no final do mês. Foram finais de semana, feriados e férias espetaculares que passamos nesse lugar. Os anos foram passando, as viagens para Atibaia não aconteciam mais, o Waltinho foi estudar música na Berklee College of Music em Boston, eu me casei, assumi outras responsabilidades como pai de família, mas o sonho da casa no interior nunca desapareceu. No ano de 2012, eu, minha esposa e nossa filha Vittória, então com 3 anos, entramos em nosso carro e partimos em direção ao desconhecido. A ideia era conhecer a cidade de Vinhedo e os terrenos em condomínios disponíveis, para, quem sabe, se houvesse algo que coubesse em nosso bolso... Não tínhamos ainda nenhum conhecimento mais profundo do lugar, apenas referências de uma amiga que trabalhava por lá e morava na cidade vizinha, Valinhos, sim, a cidade do sítio do Waltinho! Para mim, já foi o suficiente. Ao chegar à cidade, já nos apaixonamos pela entrada, uma rua com ciprestes italianos plantados em série, um portal elegante com bandeiras do Brasil, da Itália e do Estado de São Paulo tremulando ao vento. Começamos a ler as placas até que uma nos chamou a atenção: Condomínio Campo de Toscana. Fizemos viagens incríveis e, certamente, a Toscana tinha um lugar especial em nosso coração, Siena, Firenze, Montalcino, San Gimignano, vinhos maravilhosos, tudo veio à mente naquele momento. Subimos uma serrinha com pastos que realmente nos levaram a um pedacinho da Itália. Concluímos o negócio naquele mesmo dia, saí com uma mistura de felicidade e desespero, sonho antigo se realizando, mas com o carnê de prestações no colo. As coisas em nossa vida têm que ser assim, sem esforço nada é valorizado, o carnê ajudou a motivar o trabalho para realizar o sonho e, assim, apenas dois anos depois a tensão da dívida se foi e a alegria permaneceu. O plano era claro, iríamos construir uma casa do nosso jeito, com todos os detalhes esperados, tijolinhos aparentes, ciprestes, cadeiras de balanço, cantinhos para leitura, tudo vinha com clareza, até que, em 2014, a situação política no Brasil esquentou e achamos mais prudente adiar nosso projeto por um tempo. Um pouco mais tarde, em 2017, meu querido sogro, Sr. Rubens, com 76 anos, ainda cheio de vida, sofreu um AVC, passou trinta dias difíceis e nos deixou por aqui. Foi triste ver como um homem tão bom, carinhoso, honesto e dedicado se foi. Minha esposa ficou surpresa, abalada e sem energias. Pensei muito na vida e como ela é efêmera, como precisamos viver bem e não deixar planos em aberto. Era a hora ideal para voltarmos ao nosso sonho, o tempo era agora ou nunca. A grande diferença agora era a agilidade, não queríamos esperar um ou dois anos para construir algo do zero, tinha que ser algo imediato. Procurei um corretor da cidade e passei a ele um plano claro de quanto queria gastar, qual o perfil de casa que procurávamos e algo importante: nosso terreno do Campo de Toscana tinha que entrar na negociação. Apareceu enfim a nossa casa, construída por uma pessoa, o Sr. José, que parecia que conhecíamos por toda a vida, apaixonado pela Itália, engenheiro dedicado e cuidadoso, construiu a casa para ele morar, mas, ao final, por decisão pessoal, resolveu colocá-la à venda. Foi uma maravilhosa surpresa, inesperada, é a nossa vila Toscana, tudo nela nos agrada, simplesmente assinamos o contrato sem qualquer dúvida, seria ali o nosso lar, o sonho estava finalmente concretizado. De volta aos meus primeiros anos de vida, em Atibaia ou em Valinhos, a centelha estava ali, nunca saberia como a vida iria me conduzir no caminho. Quantas horas difíceis passamos, quantos desafios financeiros, emocionais, mas sempre havia algo em mim que me dizia: o sonho tem que permanecer. Como é válido o ensinamento da mãe de Forrest Gump, protagonizada pela incrível Sally Field, que dizia a ele que a vida é como uma caixa de bombons, onde nunca se sabe o que se vai encontrar, por vezes algo doce e prazeroso, em outras, algo menos doce e mais ácido, mas sempre vale a pena abrir a caixa e experimentar os bombons que a vida oferece. O meu, da casa, foi daqueles que a gente morde e explode na boca um sabor maravilhoso. Já abriu seu bombom hoje?

NOTA DO AUTOR: a nossa filha Vittória tinha 8 anos quando compramos a casa de Vinhedo, e ela foi a primeira da família a se apaixonar pela "casa vermelha". Um dia, quando chegamos em casa, vimos este desenho feito por ela e tivemos a certeza de que a decisão seria definitiva.

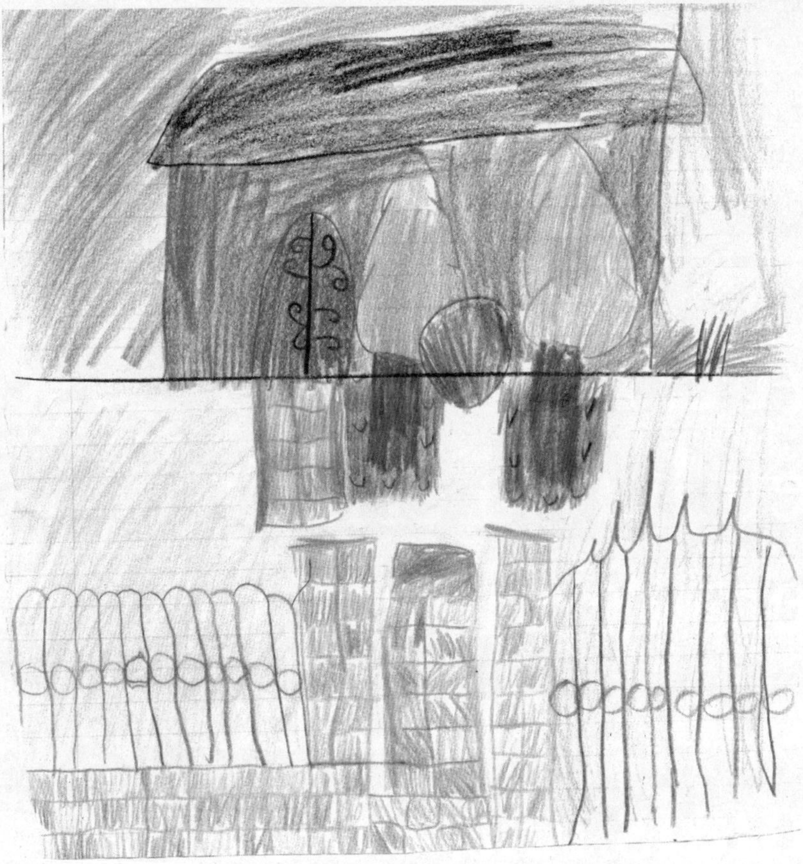

> A criatura que eu havia criado era repugnante como o pecado, mais feia do que a própria desolação.

— personagem Victor Frankenstein, no livro *Frankenstein*, de Mary Shelley.

Eu não sou o típico nerd da área de TI, apesar de trabalhar nela por mais de trinta anos, mas desde a surpreendente e saudosa época dos computadores de grande porte, os famosos mainframes, que resistem brava e estoicamente até os dias de hoje, sou um apaixonado por tecnologia, esteja ela onde estiver, no carro, no celular, no liquidificador, no alimento, nos relógios, na academia, em tudo mais e, é claro, nos computadores. Um assunto que me chama muito a atenção hoje é a inteligência artificial, ou IA, o conceito não é novo, na verdade ele existe desde a década de 1960, mas somente agora, com a tecnologia de hardware disponível e a explosão de crescimento dos dados digitais, é que o potencial da IA está sendo colocado em prática, através dos chamados chatbots, que simulam humanos conversando, como a Siri e a Alexa, que já conhecemos bem, ou mesmo o ChatGPT, o Bard e muitos outros que estão se popularizando rapidamente. O usuário comum já pode, por exemplo, fazer atividades simples como pesquisas, traduzir textos para diversas línguas, fazer correções gramaticais e ortográficas, buscar sinônimos, até ações mais complexas como criar conteúdos, resolver equações matemáticas e físicas, criar slogans, obter sugestões para apresentações, resumir livros e publicações, fazer desenhos em diferentes dimensões, criar logos para empresas e muito, mas muito mais; e isso é apenas o começo, estamos ainda engatinhando na utilização da IA. Bill Gates, o fundador da Microsoft, fala quase sempre em suas apresentações que a maioria das pessoas superestima o que pode ser feito em um ano, mas subestima o que pode ser feito em dez. Talvez a IA seja a tecnologia que está impondo mais medo na humanidade do que qualquer outra já concebida, seja pelo potencial fim de muitos empregos em que os seres humanos serão substituídos por máquinas, até a perda do controle das lideranças empresariais e governamentais, nas quais as máquinas passarão a dominar tudo, roteiros dignos de filmes hollywoodianos, aliás muitos já consagrados, como *O exterminador do futuro; 2001 – Uma odisseia no espaço; Matrix;*

Eu, robô; e *Ex machina,* em que computadores e robôs tresloucados aprendem a ser autônomos e tomam decisões que entram em conflito com a humanidade. O risco é real? Imagino que seria ingênuo pensar que não é, mas acredito que é algo que veio para ficar e, pelo menos por enquanto, a tecnologia vai mais ajudar do que atrapalhar; e claro, sempre visando o maior lucro, seja por intermédio dos supercomputadores que estão sendo desenvolvidos para processar zilhões de informações em microfrações de segundos, até ela, o mais valioso de todos os bens, a informação. Lembre-se de que a cada pergunta, cada pesquisa, cada pequena interação com a tal da IA, ela vai armazenar os seus interesses, suas fobias, suas taras, seu viés político e mais uma infinidade de conhecimento íntimo, certamente, nos conhecendo melhor do que nós mesmos. É interessante notar que perder o controle das nossas criações e invenções não é um conceito novo e que, na literatura, deu espaço para a criatividade de diversos autores famosos. Como não lembrar da história do médico e o monstro? Tem outro texto meu aqui que fala especificamente do assunto, o renomado Dr. Henry Jekyll cria em seu laboratório a poção química que o transforma no demoníaco Sr. Edward Hyde, cujas maldades saem do controle e terminam de maneira trágica. Caso semelhante é o de Victor Frankenstein, outro talentoso cientista que, tomado pela ganância e pelo atrevimento, através de um experimento igualmente macabro, dá vida a uma horrenda criatura que o assombra. Ambas as histórias, a da escritora Mary Shelley e a de Robert Louis Stevenson, publicadas respectivamente em 1818 e 1886, podem ser resgatadas hoje para se traçar um paralelo entre as criaturas monstruosas e a IA. Estaremos fadados ao mesmo destino de Edward Hyde e a criatura de Frankenstein? Seremos controlados e subjugados pela inteligência artificial algum dia? Só o tempo dirá, mas por que não aproveitarmos a tecnologia em nosso favor e a utilizarmos de maneira ética, responsável e positiva? Veja que exemplo interessante: durante a escrita deste texto, solicitei à plataforma de IA da Google, o Bard, que fizesse uma comparação entre as histórias de Shelley e Stevenson e a inteligência artificial. Após uma pequena fração de segundo, o texto seguinte foi escrito. Deixo o leitor com as palavras do Bard e com a reflexão sobre qual será o futuro da interação homem máquina. Seremos os primeiros humanos a serem domesticados por nossas criações tecnológicas?[12]

"Assim como Victor Frankenstein deu vida à sua criatura de partes de corpos humanos, a inteligência artificial (IA) surge como uma criação humana com potencial imenso, mas também com perigos que pairam sobre suas capacidades. A obra de Mary Shelley, *Frankenstein*, serve como um lembrete das consequências de se brincar de Deus, e é nesse contexto que analisamos a IA e seus impactos na sociedade. A IA, em sua essência, busca replicar o funcionamento do cérebro humano, criando sistemas que aprendem, reconhecem padrões e tomam decisões autonomamente. Essa busca pelo conhecimento e pela superação de limites é semelhante à ambição de Victor Frankenstein, que anseiava (*sic*)[13] por desvendar os segredos da vida e da morte. No entanto, a criatura de Frankenstein, apesar de sua inteligência, é rejeitada pela sociedade por sua aparência monstruosa. Da mesma forma, a IA enfrenta o receio de ser vista como uma ameaça à humanidade, capaz de usurpar jobs (*sic*) e até mesmo dominar o mundo. É fundamental que, ao desenvolver a IA, tenhamos em mente os ensinamentos de *Frankenstein*. A responsabilidade ética deve nortear cada passo, para que a IA seja utilizada para o bem da humanidade, e não para sua destruição. Assim como Victor

---

12 Esta frase interrogativa foi a resposta que Bard me deu quando pedi que elaborasse uma pergunta sobre qual será nosso futuro com a IA.
13 As palavras que foram geradas pelo Google Bard erroneamente, na gramática ou na tradução, não foram corrigidas, mas referenciadas pelo autor com (sic).

Frankenstein precisou lidar com as consequências de suas ações, a sociedade precisa estar preparada para os desafios que a IA trará. É necessário um diálogo aberto e transparente sobre os impactos da tecnologia, buscando soluções para mitigar os riscos e garantir que a IA seja uma força para o progresso e não para a regressão. Ao invés de criarmos monstros como o de Frankenstein, que representam o lado obscuro da nossa ambição, devemos nos concentrar em construir uma IA que seja uma ferramenta para o bem, que nos auxilie a resolver os grandes desafios do mundo e a construir um futuro melhor para todos. Lembremos que a IA, como a criatura de Frankenstein, é um reflexo da nossa própria humanidade. Cabe a nós decidir se ela será uma força para o bem ou para o mal."

"

Houve no mundo tantas pestes quanto guerras. E, contudo, as pestes, como as guerras, encontram sempre as pessoas igualmente desprevenidas.

— Albert Camus, no livro *A peste*.

A notícia que todos recebemos no dia 11 de março de 2020 era mais uma vez a repetição de algo ocorrido pelo menos cinco vezes no mundo, desde o século XIV com a peste negra, passando pela gripe espanhola em 1920, o HIV nas décadas de 1980 e 1990 e a gripe suína em 2009. Começávamos a enfrentar uma nova e assustadora pandemia. Um vírus identificado na cidade de Wuhan, na China, em dezembro de 2019, dava início a um longo e cansativo período na história da humanidade. A velocidade e a letalidade do tal vírus eram tamanhas que, em poucos meses, provocaram uma grande devastação nos sistemas de saúde e na economia dos grandes centros mundiais. Primeiramente, a Europa padeceu com a passagem dele, ceifando vidas, idosos que faleciam em suas casas, sem assistência adequada, sucumbiam sem respirar, em apenas alguns dias. Hospitais de campanha foram construídos em tempo recorde, profissionais da saúde enfrentavam situações desumanas pelo estresse físico e psicológico, sendo igualmente atacados pela doença, mesmo fazendo uso de equipamentos de segurança. Sistemas de saúde entraram em colapso, governantes e autoridades mundiais de saúde traziam informações confusas que agravavam ainda mais a situação. Passamos a conhecer palavras novas como *lockdown*, que obrigavam as pessoas a ficarem presas em suas casas, saindo somente para enfrentar longas filas, com distanciamento social, para poderem fazer suas compras de alimentos e produtos de necessidade básica. A imprensa deixou de lado todas as notícias gerais e focava apenas nos números de mortes diárias, ataque do vírus que viajava em velocidade recorde para outros continentes, navios de cruzeiro que atracavam e permaneciam isolados, com relatos de pessoas doentes, confinadas em suas cabines, além de outras que rendiam-se aos sintomas graves da doença, precisando que seus corpos fossem isolados, aguardando o sepultamento. As cerimônias fúnebres foram proibidas, para evitar aglomerações, muitos tiveram a extrema dor de, além de perderem seus entes queridos, serem privados de prestar a última homenagem nos velórios e nos enterros. Nos cemitérios valas coletivas eram abertas diariamente por coveiros debilitados e exauridos pelo excesso de trabalho. Houve ainda políticos, celebridades e gente importante que usaram a pandemia para ganhar votos, externarem suas ideias tresloucadas e pregarem aos quatro cantos da Terra as teorias da conspiração, sem base científica. Todos os dias, um novo instituto de algum lugar do mundo apresentava um gráfico tentando identificar o ponto em que estávamos, alguns dizendo que era mais um mês, outros, que já havia terminado e outros exibindo cenários de total catástrofe e destruição. Não havia nenhum consenso, tudo era confuso. As bolsas caíram, o câmbio disparou, negócios faliram, as ruas ficaram desertas e os aviões decolavam apenas em casos de extrema necessidade. O mundo literalmente parou e ninguém estava preparado para aquilo. Começaram a surgir vídeos, livros, profecias e teorias: Bill Gates, que havia previsto uma pandemia avassaladora para a qual o mundo não estava preparado; o livro *A peste*, de Albert Camus, cuja frase inspira este texto, foi citado inúmeras vezes; filmes de Hollywood que abordavam o tema "pestes e pandemias" foram repetidamente vistos nas plataformas de streaming. No momento em que escrevo este texto, os números oficiais de mortos pela covid chegam a 6,9 milhões, mas estima-se que ele pode ser muito maior, chegando a 17 milhões de pessoas que perderam a vida relacionadas ao maléfico SARS-CoV-2. Apesar de não ser mais considerada uma emergência de saúde pública em âmbito internacional, a Organização Mundial da Saúde (OMS) ainda mantém o status de pandemia para a covid-19. Há muitas reflexões que podemos fazer acerca desse tempo de aflição. Primeiramente, ficou escancarada a desigualdade da humanidade. Eu me lembro de que a cantora Madonna disse algo parecido com "todos agora estávamos sujeitos ao vírus da mesma maneira e não havia nenhuma diferença entre pobres e ricos, famosos ou desconhecidos", com um pequeno detalhe:

estava dentro de seu milionário apartamento, rodeada dos maiores luxos, com a conta-corrente mais que polpuda. Foi duramente atacada, afinal, milhões de outras pessoas não podiam ter a sorte de ficarem isoladas em suas casas, pois deveriam se arriscar em transportes públicos e enfrentar as ruas para trabalhar e trazer sustento para suas famílias. Houve políticos também que tomaram vantagem da pandemia para propagar suas estratégias erráticas e perniciosas à população transtornada e necessitada. Ao chegarem as vacinas, empresas gigantes farmacêuticas se apressaram para multiplicar seus lucros em negociações nefastas com os governos mundiais. Os negacionistas, nas mais diversas camadas da sociedade, igualmente correram para pregar suas bizarrices sobre a eficácia das vacinas e a ineficácia das estratégias de isolamento. Com o passar do tempo, as coisas foram arrefecendo, mas o saldo segue sendo terrível. Todos nós, sem exceção, temos pelo menos algumas histórias de parentes, amigos ou conhecidos que faleceram por conta da doença. Os políticos seguem firmes e fortes, a desigualdade permanece e os conspiradores continuam exercendo sua criatividade para montar alucinações coletivas. Eu, por um momento, acreditei que a humanidade iria sair melhor da pandemia, mais altruísta, menos mesquinha, mais cooperativa e mais compassiva. Como fui ingênuo!

> **Deus nos abençoou com o livre-arbítrio, mas hoje em dia, o livre-arbítrio é acentuado com esteroides.**
>
> — Denzel Washington

Pergunte a uma inteligência artificial o que é livre-arbítrio e provavelmente terá alguma resposta como: "É a capacidade que os seres humanos têm de fazer escolhas independentes e tomar decisões por conta própria, sem serem determinados por fatores externos ou predestinados. É a ideia de que somos livres para escolhermos nossas ações e sermos responsáveis pelas consequências delas".[14] O superstar de Hollywood, Denzel Washington, certamente fez e ainda faz parte de muitas das nossas horas de entretenimento, através das dezenas de filmes que protagonizou, e é sempre uma figura bem-vinda em nossa vida. Essa frase ele proferiu em uma entrevista ao *New York Times* em 2021, comentando sobre o vício das pessoas nas redes sociais. Em um determinado momento da entrevista, ele diz: "Todos nós gostamos de ser apreciados, mas hoje em dia, precisamos ser apreciados por 16 milhões de pessoas". Claro que ele se referia aos famosos *likes*, que todos passaram a desejar em suas publicações, posts, fotos e comentários. Se o caro leitor, assim como eu, não é o usuário mais conectado nas redes sociais, pelo menos convive ou conhece alguém próximo que é excessivamente ligado nelas. Quando andamos hoje pelas ruas, não há uma pessoa sequer que não esteja olhando para o celular, escrevendo, lendo, enviando mensagens ou apenas rolando interminavelmente a tela, assistindo a pequenos vídeos, os chamados *reels*, cuidadosamente adaptados para os interesses daqueles que os assistem. Pode ser um conteúdo de esportes, culinária, moda, eletrodomésticos, casas para alugar, animais de estimação, pessoas sofrendo acidentes, jacarés sendo atacados por gorilas, motocicletas em altíssima velocidade nas *autobahns*, nas quais o limite permitido é aquele que o seu veículo pode atingir. São horas e mais horas de utilização, e me arrisco

---

[14] Resposta dada pelo ChatGPT à minha pergunta: "O que é livre-arbítrio?".

a dizer que a grande maioria delas com futilidades. Não me coloco na posição de falso moralista, apontando o dedo para quem faz isso, afinal, como um ser humano normal, também caio na tentação de dar boas espiadas em vídeos engraçados e bizarros; quem nunca? O problema é que as pessoas estão ficando doentes, deprimidas e ansiosas. O que me entristece é ver gente que se preocupa mais com a opinião dos seus seguidores do que a dos seus próximos. Filhos que ignoram a opinião dos pais em detrimento dos milhões de *likes* de pessoas com as quais jamais irão se encontrar. Tudo gira em torno disso, o mundo passou a viver uma realidade virtual, fabricada, ilegítima e enganadora. A coisa anda tão descontrolada que empresas gigantes de TI agora investem bilhões em uma bizarrice chamada "metaverso", uma espécie de universo virtual compartilhado, onde as pessoas podem socializar, trabalhar, fazer treinamentos e ter experiências sensoriais, utilizando engenhocas como óculos especiais, luvas e capacetes. Em tempo, como um profissional com formação na área de TI e mais de trinta anos trabalhando nela, sempre fui e continuarei sendo um defensor ferrenho de ferramentas tecnológicas que tragam benefícios à humanidade, mas não posso aceitar que os relacionamentos interpessoais sejam substituídos por um *gadget* qualquer que irá simular sentidos biológicos básicos e puros. Sempre vou preferir abrir a porta de minha casa e vislumbrar a natureza, falar com meus vizinhos, caminhar com meu cachorro e sentir o calor do sol na pele, do que ficar em casa, vestido com um traje de captura de movimento, óculos de realidade aumentada, cheio de sensores, andando sobre as Muralhas da China, passeando em Paris ou avistando ao longe o Taj Mahal, sem nunca sequer ter conhecido na vida real nem mesmo uma cidade que está a alguns quilômetros da minha. Sim, é minha opinião pessoal e sempre respeitarei qualquer outra, e isso se chama livre-arbítrio. Nossa liberdade de escolha é nossa maior capacidade como seres humanos e isso é realmente uma bênção, como disse Denzel. Agora, mesmo essa liberdade, deveria ter limites, mas não tem e é isso que leva ao livre-arbítrio acentuado com esteroides. Hoje todos querem fazer tudo, desejam tudo e não aceitam nada menos do que tudo. Se outra pessoa tem, eu também quero, nem que isso me custe um dinheiro que não tenho e que não me sirva para nada, eu simplesmente quero e ponto-final. Um exemplo interessante são os níveis dos programas de milhas das empresas aéreas. Certa vez, voltando de uma viagem ao México, a fila dos passageiros nível Platinum estava maior do que a dos meros mortais viajando em classe turística sem nenhuma prioridade. Igualmente interessante são as salas VIP dos aeroportos, que estão sempre apinhadas de gente, enfrentando filas de espera e lutando para conseguir comer as coxinhas e minissanduíches dos concorridos buffets. Nada hoje é exclusivo e isso fez o mundo perder a graça. As conquistas não são mais celebradas na intimidade do lar, mas têm que ser postadas para milhões de desconhecidos que são instados a dar *likes* e a fazer comentários vazios. Há um comercial que pode ser facilmente visto na internet, que ficou muito famoso, veiculado há alguns anos por uma rede de supermercados alemã chamada Edeka, com o título de "Eatkarus", que é um trocadilho com o nome grego Ikarus e a palavra *eat*, que significa comer em inglês. O personagem lendário Ícaro foi aquele que voou com asas coladas com cera, confeccionadas por seu pai, Dédalo, para que escapasse da ilha de Creta. Ícaro voou, mas tomado pelo encantamento da experiência, descuidou-se, voou alto demais, chegando muito perto do Sol, onde a cera das asas se derreteu e ele acabou morrendo. Enfim, "Eatkarus" se passa em uma cidade onde todas as pessoas sofrem com extrema obesidade. Todos comem uma espécie de gororoba preta e entreolham-se nas mesas enquanto almoçam. O garoto Eatkarus parece desanimado, até que um dia, enquanto come aquele purê estranho, olha pela janela e fica fascinado ao ver um pássaro voando. Tomado por uma obsessão forte, ele começa a ter ideias e a construir aparatos que o façam voar; começa com balões, cestas puxadas por aviõezinhos de papel, sempre caindo por conta de seu peso corporal elevado. Um dia, ele observa o pássaro comendo uma pequena fruta, olha curioso para a cena, decide deixar de lado o purê preto que todos comem e passa a comer frutas enquanto segue desenhando suas máquinas voadoras. Depois de algum tempo, Eatkarus aparece vestindo um par de asas muito bem construído com pedaços de jornal que imitam as penas do pássaro e, quando olha para as pessoas que o observam com ar de reprovação e incredulidade, ele percebe que está magro, suas roupas sobrando no corpo e o rosto agora com traços mais definidos. Isso não o impede de seguir seu plano, simplesmente ignora os olhares alheios, começa a correr e decola suavemente, voando todo alegre ao lado do pássaro que o inspirou. O comercial termina com Eatkarus deitado na grama, comendo uma fruta e olhando para o céu com um ar de felicidade pela conquista. O slogan da campanha era "coma como aquele que você quer ser", e claro, sugeria uma alimentação saudável, e claro também, o comercial sofreu duras críticas por homens, mulheres e entidades que o acusaram de ridicularizar pessoas com problemas de obesidade. Deixando as polêmicas de lado, para mim a lição mais importante foi a de que todos naquela cidade se moviam igualmente e ninguém se arriscava a comer algo diferente do purê preto insalubre. Certamente, uma pessoa começou a comê-lo um dia, seguida por alguns até chegar a muitos seguidores que, metaforicamente, comparando com nossa realidade hoje, ofereciam *likes* para aquele comportamento e o adotavam prontamente, sem dar importância para as consequências danosas que ele estava causando. O livre-arbítrio estava doente, preguiçoso, as pessoas estavam mais preocupadas em simplesmente fazer a sua vontade e não atentar para o resto. Se atentarmos para nossos dias, podemos ver que esse comportamento é constante, pessoas tomando decisões erradas, adotando hábitos insalubres e buscando simplesmente a aprovação, o famigerado *like*. Vamos refletir para que possamos exercer nosso livre-arbítrio da maneira correta, buscando algo que nos faça amadurecer e que agrade às pessoas que amamos em primeiro lugar, deixando de lado o conceito tão danoso da "lacração".

"

As melhores
coisas da vida
não são coisas.

— Art Buchwald

Já faz algum tempo que em minha mesa do escritório de casa tenho uma caixa, ou melhor, um porta-treco, como gostamos de chamar, onde está escrita a frase em inglês que inspira este texto: *"The best things in life aren't things"*. Além de ser uma excelente caixa para guardar aquelas pequenas coisas que sempre sobram em nossas mesas, essa frase, apesar de simples, fala bastante comigo. Estou procurando sempre dar o crédito correto a quem escreve essas frases e aforismos que estou utilizando neste livro, mas essa, em especial, foi mais desafiadora. Buscando em algumas ferramentas de pesquisa, resolvi atribuí-la ao humorista americano, Arthur "Art" Buchwald, falecido em 2007, que ficou famoso por sua coluna periódica em jornais renomados como o Washington Post, entretanto, ela pode ser atribuída a diversas outras pessoas. Eu brinco muito com minha esposa e filhas, principalmente quando estamos tendo o privilégio de viajar em férias, ou aproveitando um restaurante maravilhoso, ou quando compramos algo importante, usando a frase de uma música do cantor e humorista cearense Marcondes Falcão Maia, que conhecemos simplesmente como Falcão, que diz assim: "Dinheiro não é tudo mas é 100%". Ironias à parte, o dinheiro, quando ganho de maneira honesta e utilizado corretamente, é, sim, uma bênção na nossa vida. Há quem diga que dinheiro não traz felicidade, frase provavelmente criada por algum milionário que estava buscando completar sua vida apenas com sua conta bancária recheada e revoltou-se por não encontrar a resposta para suas frustrações e questionamentos. Há ainda mais uma citação pesada contra o dinheiro dita por nada menos que o grande apóstolo Paulo, em sua carta ao seu jovem discípulo Timóteo, onde o exorta a que não ceda às tentações da cobiça e da busca desenfreada por ganhos materiais, dizendo no versículo 10 do sexto capítulo da primeira carta: "O dinheiro é a raiz de todos os males"! Uma boa prática seria encontrar uma postura intermediária entre o apóstolo Paulo e o cearense Falcão acerca do dinheiro. Para mim, ele é algo maravilhoso e bendito, mas somente se não nos escraviza, seja por avareza, seja por esbanjamento. Tenho uma filosofia de vida que me faz aproveitar o dinheiro, às vezes com alguns excessos, sempre com responsabilidade, mas, como sempre enfatizo em meus textos, não julgo e respeito quem pensa diferente. Falando em filosofia de vida, eu acredito em três pilares que não podem faltar na vida de alguém que busca alcançar patamares mais elevados em sua existência. Não gosto muito de utilizar a palavra sucesso, pois ela tem sofrido um desgaste extremo nos últimos tempos. O que é ser uma pessoa de sucesso, afinal? Para mim, cada um deve determinar a sua própria definição, baseado em seus parâmetros de prosperidade e felicidade, não há e nem deve haver consenso aqui. Voltando aos três pilares que comentava, são eles: primeiro, seja uma pessoa flexível, adapte-se às mudanças, redirecione o seu caminho, se necessário, não seja um cabeça-dura que acredita somente na inflexibilidade, fale com o presidente da mesma maneira que fala com o faxineiro, não faça pré-julgamentos, não se prenda em uma bolha que não pode ser traspassada, abra sua mente, conheça coisas novas, não se limite a nada e esteja sempre aberto à transformação. Segundo, cuide de sua aparência. Não me refiro aqui à beleza ou porte físico, etnias, gênero, posição social ou nenhuma outra característica fisiológica. Somos quem somos e nada vai mudar isso, temos que aprender a nos aceitar. Podemos, claro, cuidar de nossa saúde e buscar sempre as melhores alternativas para nosso bem-estar. Cuidar de sua aparência, para mim, é apresentar-se da melhor maneira possível. Coloque a melhor roupa que sua condição financeira pode proporcionar, cuide de seus cabelos, dos seus dentes, seja uma pessoa asseada e elegante. Veja que isso não está relacionado a dinheiro ou acessórios e vestimentas caras, mas diz respeito a ser confiante consigo mesmo, mostrar a todos que é alguém seguro e preparado. Existe algo chamado linguagem não verbal, e a nossa aparência desempenha um papel fundamental aqui; às vezes, não é preciso nem abrir a boca para falar, pois somente a sua imagem já irá causar reações positivas ou negativas nas outras pessoas. Isso está ao nosso alcance, cuidar da aparência não depende de ninguém, mas somente de nós mesmos. A não ser que você seja um gênio e excêntrico bilionário que pode apresentar-se como bem entender, siga essa prática e vai ver os bons resultados que ela traz. O terceiro pilar, que em minha concepção de vida irá nos elevar, é falar inglês e buscar a fluência nessa língua. É importante frisar aqui que não me refiro à busca da perfeição, construções gramaticais impecáveis, nenhum sotaque e vocabulário vasto. Como estrangeiros, dificilmente falaremos perfeitamente, salvo casos em que crianças, ainda muito pequenas, vão morar fora e têm contato com a língua inglesa ainda no período de início da fala e da alfabetização. Pense assim: entender e se fazer entender é o objetivo principal. Capriche ao máximo no sotaque, mas tenha também em mente que ele pode ser um excelente aliado, demonstrando um certo charme para as pessoas que irão ouvir. Enriqueça seu vocabulário sempre, mas se não souber falar que algo é redondo, diga que não é quadrado. Assista a filmes com legendas em inglês, ouça mais músicas americanas e familiarize--se com as expressões utilizadas por pessoas que admira. Uma ótima dica é assistir a entrevistas dessas pessoas nos diversos *talk shows* americanos. Configure o seu celular para que os comandos fiquem em inglês, quem sabe o carro, caso tenha um sistema de entretenimento, configure-o também para essa língua. Há diversas oportunidades de entrar em contato com o inglês em nosso dia a dia. Ele vai abrir portas, quebrar barreiras, mudar opiniões e desenvolver novas habilidades e gostos. Um dos maiores inimigos de quem quer aprender uma nova língua é o perfeccionismo, muitas pessoas ficam com vergonha ou embaraçadas porque têm medo de pronunciar ou utilizar palavras erradas. Nós devemos deixar esse pensamento de lado e enfrentar a língua inglesa com coragem. Se puder, faça cursos sérios, não aqueles que prometem que você vai aprender inglês em duas semanas, ou enquanto dorme. Invista no seu desenvolvimento, irá valer a pena, mas caso não possa investir, entre em contato com a língua de qualquer maneira, há inúmeras oportunidades que estão disponíveis gratuitamente, basta atentar para o celular, para o computador, para a TV ou muitas outras formas. Pela minha experiência pessoal e observando pessoas que admiro, esse tripé é infalível. Obviamente, ele está longe de ser tudo o que precisamos, ele irá ajudar na formação de base, mas o desenvolvimento vai demandar esforço, educação especializada, paciência, erros e acertos, pessoas indesejadas, dificuldades financeiras, decisões difíceis e tempo, bastante tempo. O mais interessante é que esse ciclo nunca acaba, à medida que envelhecemos, passamos a entender melhor tudo e desperdiçamos menos tempo com coisas que não vão nos acrescentar benefícios. Pode demorar um pouco, mas certamente você vai ler a frase que inspira este texto e concluir, com um sorriso nos lábios e uma sólida certeza, que as melhores coisas da vida, realmente, não são coisas.

"

Ninguém entra em um mesmo rio uma segunda vez, pois quando isso acontece já não se é o mesmo, assim como as águas que já serão outras.

— Heráclito

Um homem chamado Gregor Samsa, que trabalhava como vendedor, jovem e responsável por sua vida familiar, foi dormir à noite e acordou na manhã seguinte transformado em um inseto. Sim, é isso mesmo, em um inseto repulsivo e horrível que, atônito e sem saber o que se passara com seu corpo, passou a viver dias terríveis em sua casa, escondendo-se das pessoas, subindo pelas paredes, comendo restos de comida estragada e fétida, gerando ira, tristeza e ojeriza em seus familiares, causando todo tipo de infelicidade, contratempos e rejeição da sociedade em que vivia. Ele viveu os dias mais horrendos para si e para todos os que o rodeavam até que deu o último suspiro, cheio de questionamentos, decepções, sonhos brutalmente interrompidos, isolado e renegado, de maneira dramática e patética. Essa é a história contada pelo escritor boêmio Franz Kafka no seu conto mais famoso, *A metamorfose*, publicado pela primeira vez no ano de 1915 e que se transformou em um estupendo best-seller, leitura obrigatória para alunos de todas as idades e amantes da ficção literária pertencente ao realismo mágico ou fantástico. Kafka ficou famoso por criar um clima de estranheza e alienação em suas obras, mas ao mesmo tempo com clareza de detalhes. Quando lemos *A metamorfose*, não é necessário um filme ou um vídeo para vislumbrarmos as cenas de terror do homem transformado em inseto, pois a maneira como tudo é descrito faz com que as imagens sejam claramente criadas em nossa mente. É uma experiência incrível! O mais interessante do conto é que ele aborda temas complexos e perturbadores, como a dualidade da existência humana e a constante mudança e impermanência dela. Durante toda a nossa vida, uma coisa é sempre certa: vamos enfrentar mudanças e transformações e precisamos nos adaptar a elas, sejam boas ou ruins. Tudo muda, nosso corpo, nossa visão do mundo, nossa conta bancária, nossos relacionamentos, nossas preferências, nossa paciência, nossa saúde e nossa disposição.

Mesmo quando levamos uma vida pacata e monótona, um dia nunca é igual ao outro, cada momento tem suas peculiaridades, o clima muda, o trajeto muda, o humor muda. Somos fadados à mutação constante e isso se chama vida humana. O filósofo grego Heráclito, cuja frase inspira este texto, baseia seu pensamento na metáfora do rio, que sempre muda, as correntes, as cores, as criaturas que nele vivem e a temperatura das águas que se renovam. Podemos mergulhar nesse rio inúmeras vezes e ele nunca será o mesmo, assim como nosso cotidiano na Terra. Quem não se adapta às mudanças, adoece, fica depressivo e pode até mesmo atentar contra a própria vida. O caso do protagonista de Kafka, Gregor Samsa, traz ainda aspectos relacionados às pessoas que estão ao nosso redor, que também precisam aceitar as mudanças. Aquele inseto repugnante ainda era um filho e um irmão precioso, dentro da carcaça nojenta e suja, a mente e o coração eram de um jovem com emoções, valores e desejos. As famílias muitas vezes rejeitam os seus por não consentirem ou ficarem inconformadas com suas transformações. Quantas histórias de pais que abandonam os filhos doentes no corpo e na alma, casos em que homens e mulheres são condenados por suas preferências e orientações sexuais, crises geradas por conflitos religiosos, raciais ou políticos, diferenças ideológicas, financeiras, filosóficas, que acabam por transformar seres humanos em verdadeiros "insetos abomináveis e indignos" que vão se isolar e mergulhar em profunda tristeza. Infelizmente, vivemos em um mundo que se comporta de maneira hipócrita, abraçando as diferenças somente nos palanques políticos, nas organizações mundiais públicas e privadas, ou no ambiente tóxico e lacrador das redes sociais, quando na crua realidade dos noticiários cotidianos proliferam notícias de crimes de ódio generalizado e de cunho político e religioso, feminicídios, xenofobia, homofobia e tantas outras atrocidades geradas pela inconformidade e falta de aceitação das constantes transformações dos humanos em sua diversidade. Aceitar as diferenças não é fácil, envolve maturidade, compaixão e altruísmo, mas, desafortunadamente, ainda vemos muitas pisadas letais em insetos que incomodam e causam repulsa. A reflexão de hoje é para que possamos assumir e receber a realidade de que o rio da existência nunca será o mesmo, seu curso, suas margens, suas águas e sua natureza impermanentes e mutáveis, assim como eu, você e todos nós. Que possamos aproveitar e usufruir de cada mergulho nele com mansidão, conformidade e sobriedade.

"

O mundo é um parque de diversões. Sabemos disso na infância, mas esquecemos no decorrer da vida.

— personagem Allison, no filme *Sim, Senhor.*

É muito comum na literatura disponível no segmento chamado autoajuda encontrar publicações enfatizando a importância de se falar "não". Títulos como *A arte de dizer não* brotam aos montes nas prateleiras das livrarias, nas lojas virtuais, em matérias de jornais e em posts nas redes sociais. Há um consenso de que as pessoas que não sabem falar "não" sofrem mais e perdem grandes oportunidades na vida, pois juntam-se à turma do "agrade sempre", ou seja, gente fraca que não sabe se impor e se deixa levar pela vontade alheia, cedendo a tudo, mesmo quando não está confortável com a situação e seus eventuais desdobramentos. Eu confesso que durante uma boa parte da minha vida e, mesmo atualmente, tenho uma tendência a ser parte dessa agremiação das amigáveis e afáveis criaturas que preferem o sim ao não. A frase que inspira este texto vem do divertido filme *Sim, Senhor*, protagonizado pelo talentoso ator, especialista em comédias, Jim Carrey, que vive o personagem Carl Allen, um bancário que está em uma fase depressiva na vida: após passar por uma separação complicada, se isola dos amigos e cede à autocomiseração, vivendo um dia de cada vez, na mediocridade. Um certo dia, indicado por um amigo, ele vai a uma palestra de um desses conferencistas famosos, cuja base da mensagem é: fale sim para tudo, esqueça o não e enfrente o desenrolar das situações geradas pela resposta sim. Ele garante que o sim só trará coisas boas e até ameaça Carl, dizendo que se ele responder não para alguma coisa, sofrerá consequências negativas e pesadas. Surpreendentemente, o programa funciona para o bancário deprimido que, após responder de forma positiva com a palavra mágica sim a várias situações, se vê com a vida recuperada, namorada nova, promoção no trabalho e visual repaginado. Claro que, no final, muitas coisas inesperadas acontecem, mas vou deixar ao leitor mais essa recomendação de entretenimento, caso ainda não tenha assistido ao filme. Como tudo o que acontece em nossa experiência de vida, o equilíbrio sempre vai prevalecer, seja você um firme adepto à crença de que falar "não" é uma arte, ou um acomodado praticante do agrade sempre e a todos, respondendo "sim" com frequência. A realidade que se propaga hoje é que devemos lutar pelos nossos sonhos, fazer prevalecer a nossa vontade e não abaixar a cabeça nunca, pois só assim o sucesso virá e, claro, responder "não" quantas vezes forem necessárias. Minha reflexão é que, em parte, esse plano vai funcionar, mas haverá casos em que teremos que colocar em prática uma linha filosófica chamada de utilitarismo. Trata-se de uma teoria ética que defende que as ações devem ser julgadas pela sua utilidade em produzir a maior quantidade de felicidade ou prazer para o maior número possível de pessoas. Em outras palavras, uma ação é considerada correta se produzir mais benefícios do que malefícios para a sociedade como um todo. Então, utilitarismo é o famoso agrade sempre? Não necessariamente. Ele incentiva um comportamento menos egoísta e mais altruísta, mas de novo adicionem-se aqui o equilíbrio, a temperança e a harmonia. Eu tenho amigos, assim como o caro leitor, acredito, que irão discordar veementemente dessa ideia, afinal, o mundo é cruel e só sobreviverão aqueles que não se importarem com o contexto geral, mas seguirem em seus planos de crescimento, os quais, para serem atingidos, demandam sacrifícios pessoais para si e para quem mais estiver em seu caminho. Em resumo, utilitarismo é para os fracos. Falando em fracos, percebo hoje que eles são uma raça em extinção, não há mais gente fraca no mundo, todos são capazes, bem-sucedidos, querem e podem tudo, gente qualificada e preparada. Outro dia, assistia a um desses shows de talentos em que um garoto de 8 anos cantou maravilhosamente bem uma canção de extrema dificuldade. Todos ficaram atônitos, perplexos, até chegar o próximo concorrente, uma garota franzina, que certamente passaria despercebida, soltou a voz e de novo deixou a plateia boquiaberta. Pensei em como é árdua a concorrência hoje, sempre vai haver alguém melhor, mais capaz e qualificado, e acima de tudo isso, com as redes sociais e a inteligência artificial, não há mais fracasso, todos são lindos, competentes, prósperos, vitoriosos e felizes. Não há mais perdedores no mundo. Sabemos, entretanto, que tudo não passa de ilusão, falta de verdade e honestidade. Minha escolha seguirá sendo a utilização de uma abordagem holística, que permita uma compreensão mais profunda da realidade e da vida, integrando aspectos não somente físicos, mas mentais, emocionais e espirituais. Não quero jamais obter bens e conquistar posições e troféus em detrimento do meu bem-estar emocional, da minha paz interior, da minha conexão com as pessoas que amo e do sofrimento de pessoas alheias. A melhor parte de envelhecer é que podemos dizer frases como essa, porque, se chegarmos na fase final da vida, colocando em prática esse pensamento e tendo atingido o alvo desejado, significa que ela é correta. Claro que essa é a minha experiência, e cada um de nós precisa ter a sua própria. A reflexão final nos remete à Bíblia Sagrada, no livro de Eclesiastes: "Para tudo há uma ocasião certa; há um tempo certo para cada propósito debaixo do céu".[15] Haverá o tempo para olhar o mundo como um parque de diversões e haverá o tempo para esquecer disso e amadurecer, haverá o tempo para responder "não" sem ser egoísta e haverá o tempo para responder "sim" sem se acovardar.

---

15 Bíblia, Eclesiastes 3:1-8.

"

Mesmo quando a estrada parece muito longa e difícil, continue caminhando. Você nunca sabe o que pode encontrar ao virar a esquina.

— Nelson Mandela

Nelson Mandela ficou preso entre os anos 1963 e 1990, condenado pelo regime de segregação racial apartheid na África do Sul. Durante esses anos, ele escreveu uma série de cartas e notas para sua esposa Winnie Mandela, para familiares, amigos e políticos. Escreveu também sua autobiografia *Long Walk to Freedom* (*Longo caminho para a liberdade*). A frase que inspira este texto é constantemente atribuída a ele e me fez lembrar de uma história familiar pessoal de superação, vivida por minha tataravó, uma africana que, aos 12 anos de idade, no ano de 1859, foi capturada por traficantes de escravos europeus enquanto brincava com outras crianças à beira de um rio em seu país de origem, Moçambique, para ser trazida ao Brasil, juntando-se aos milhões de escravizados que sofreram todo tipo de atrocidades durante quase quatro séculos. Chegando às terras brasileiras, certamente nas condições mais desumanas dos aterrorizantes navios negreiros, ela foi vendida a uma família de portugueses que vivia na região da cidade de Botucatu, teve seu nome africano muçulmano (o qual nunca pudemos saber) mudado para Maria Eugênia e foi batizada na Igreja Católica, prática, apesar de inaceitável, comum naqueles tempos. Após algum tempo, ainda muito jovem servindo aos patrões, ela foi oferecida para satisfazer às vontades de um dos filhos da casa e ficou grávida. Um cenário grotesco e terrível que teve uma parcela de compaixão da família que aguardou para registrar a criança após o dia 28 de setembro de 1871, quando foi assinada a Lei do Ventre Livre pelo então imperador do Brasil, Dom Pedro II, que declarava livres os filhos de mulheres escravizadas nascidos a partir dessa data, permanecendo, entretanto, sob a tutela do Estado até completarem 21 anos e serem considerados completamente livres. Assim, uma luz de esperança iluminou aquele momento, e meu bisavô foi registrado não como um escravizado, mas como uma criança livre. Foi criado por uma família de médicos da região que o adotou, foi alfabetizado, aprendeu a profissão de carpinteiro e, com alguma dignidade, não foi privado de manter o relacionamento com sua mãe biológica, que faleceu aos 80 anos e, segundo relatos, nunca se conformou com o brutal desligamento de seus entes queridos na África, dos quais jamais teve notícias, mas sempre derramava lágrimas em suas lembranças. O legado continuou com meu bisavô, o senhor Honório Leme da Silva, que, aos 27 anos, se casou com uma filha de imigrantes alemães de apenas 14 anos, que deu à luz oito filhos, dentre os quais meu amado avô José Prudente da Silva, do qual eu tive o prazer de desfrutar sua doçura e amor, superelegante em seus ternos e gravatas impecáveis, visitando os filhos regularmente, marido responsável e pai dedicado, sempre compartilhando sua afabilidade e brandura. Lembranças inesquecíveis e maravilhosas de meu querido avô em minha casa, nas primeiras horas da manhã, perguntando sobre nosso cotidiano na escola, dividindo comigo a gemada com café com leite e açúcar que tomávamos gostosamente na cozinha. Não tenho com este texto inspirado pela frase de Nelson Mandela a intenção de romantizar a escravidão, pelo contrário, considero esse período da história humana terrível e vergonhoso, na qual o Brasil desempenhou um protagonismo vexatório, sendo um dos últimos países a aboli-la, somente em 1888 com a assinatura da Lei Áurea pela princesa Isabel, mas deixando cicatrizes que mancham e envergonham a nossa nação. Um autor magnífico, leitura mais que obrigatória quando o assunto é história verdadeira do Brasil, é o jornalista paranaense Laurentino Gomes, que tem livros magistrais sobre o assunto, inclusive uma trilogia chamada *Escravidão*, fruto de anos de pesquisa e experiência literária, que conta com detalhes impecáveis desse tenebroso período. Tenho um áudio gravado por minha mãe contando essa história emocionante da pequena Maria Eugênia, e volto no tempo, criando na mente as imagens terríveis e tentando imaginar o que ela passou em sua vida, durante os 68 anos em que esteve no Brasil, após ter sua história interrompida brutalmente na África. O que seria de Maria Eugênia se não tivesse saído de sua família, permanecido em sua terra com suas crenças e seus costumes? Não se pode saber, mas ela seguiu caminhando, trilhando a mais penosa das estradas, sendo escravizada, abusada e tratada como mercadoria. Impossível para ela saber o que poderia encontrar ao virar a esquina, talvez a morte, talvez a tortura, a humilhação, mas ela encontrou algo que prosperou, teve alguma grandeza em um cenário bárbaro; e, mesmo com os sentimentos e a alma mutilados, teve um filho que gerou netos, que geraram bisnetos, que geraram tataranetos, que, como eu, hoje podem honrar a sua história e agradecer a sua existência. Maria Eugênia, eu peço desculpas pela crueldade à qual você foi submetida, nada justifica ou apaga o que foi feito a você. Eu sempre contarei a sua história e me orgulharei dela. Obrigado por existir e obrigado por não ter parado a sua caminhada!

"

Líderes de sucesso chegam onde estão ao alcançar resultados por meio de outras pessoas. Eles se conectam com as pessoas que desejam influenciar e compreendem suas próprias emoções.

— Brigette Tasha Hyacinth

É muito comum encontrar pessoas ricas e famosas que respondem, ao serem questionadas sobre como chegaram lá, que aprenderam com suas falhas. Presidentes de empresas, executivos, investidores, empresários, influenciadores digitais, atores, atrizes e celebridades dos mais diversos segmentos, que têm muito dinheiro, bens e, principalmente, popularidade. Basta uma pesquisa rápida pela internet que aparecerão inúmeras entrevistas com o mesmo teor. Assisti a uma delas com o cantor inglês Ed Sheeran, ganhador de Grammys, recordista de vendas, compositor aclamado e adorado nos quatro cantos da Terra, que começou a carreira lá embaixo, cantando nas ruas e passando por diversas etapas antes de sua evolução meteórica. Sheeran, na entrevista, repete por várias vezes: não se aprende nada com o sucesso, não se aprende nada com o sucesso, nada, nada! Ele quase bate na mesa enquanto fala, demonstrando que realmente acredita nas palavras que profere e, assim como ele, muita gente por aí prega a mesma ideia. Bem, como um viciado em pensar em tudo, comecei uma reflexão para compartilhar aqui em meu livro. Primeiramente, vale entender o que é sucesso, pois o tema fica bem complicado e adquire uma grande complexidade quando buscamos uma definição específica sobre o que ele é. Perguntei a duas inteligências artificiais o que é sucesso e obtive as seguintes respostas: "Sucesso pode ser definido de várias maneiras, mas geralmente se refere à realização de metas ou objetivos desejados" (ChatGPT); "O sucesso é um conceito subjetivo e individual, que varia de acordo com os valores, objetivos e sonhos de cada pessoa" (Bard - Google AI). Como definiram as duas inteligências artificiais, sim, sucesso não é algo que se possa definir objetivamente; o que é importante para mim, pode não ser para você, assim como o que Ed Sheeran valoriza pode ser completamente diferente do que a cantora Madonna considera essencial para ser alguém de sucesso. Aliás, como a palavra sucesso está desgastada ultimamente, vinculada em excesso a bens materiais, posses, posições de liderança e padrões de beleza, as pessoas se frustram, empobrecem financeira e emocionalmente em busca dele, e a grande maioria nunca consegue se satisfazer com o que tem. Se eu tenho um carro modelo 2022, preciso de um modelo 2024, se moro em uma casa de dois dormitórios, preciso de uma de quatro, se sou gerente da empresa, preciso ser diretor, sempre tenho que ser melhor do que os outros. Veja que esse conceito de ser sempre melhor pode ser egoísta, porque meu sucesso pode representar o fracasso do meu próximo, e isso nunca acaba bem. Claro que devemos querer melhorar sempre, mas não se deve esquecer de que somos seres únicos e esse é o nosso maior atributo. Já parou para pensar que, em vez de ser apenas melhor, pode ser único? Somos mais de 8 bilhões no planeta Terra e existe apenas um você. Pode haver homônimos, semelhanças físicas, características iguais, trejeitos, defeitos e qualidades, mas eu sou único. Se dez pessoas forem desempenhar exatamente as mesmas atividades, cada uma delas fará da sua maneira peculiar, e isso deve ser valorizado. Quando compreendemos essa realidade, fica mais fácil a autoaceitação e a busca pelo sucesso, que pode se manifestar em diferentes áreas, como carreira, relacionamentos, saúde, criatividade, entre outras. A frase que inspira este texto é da autora e consultora americana Brigette Tasha Hyacinth, que tem vários livros sobre o tema liderança e gestão de recursos humanos. É maravilhosa a maneira como ela trata o assunto baseada em suas experiências pessoais, como mulher, negra e de origem extremamente humilde, abordando temas que, normalmente, são apresentados com muito mais agressividade no mundo corporativo, que insiste com a ideia de que os líderes de sucesso têm que ser pessoas implacáveis e irredutíveis, que agem sozinhas, não importa o que precisem fazer e quantas pessoas precisem humilhar e derrotar para chegarem ao topo. O sucesso verdadeiro, tanto no âmbito profissional quanto pessoal, pode ser personalizado para cada indivíduo e pode ser medido de acordo com as próprias definições de felicidade e realização. Essa individualidade, proporcionada por nossa genética, história e vivências, é a essência do que nos torna exclusivos. É exatamente nesse reconhecimento da individualidade que reside o poder de transformar o seu mundo e as suas realizações. Pode parecer piegas, um clichê barato, mas basta olhar ao nosso redor para observarmos pessoas amortecidas e encalhadas em seus objetivos de vida, por seguirem tentando alcançar algo vivendo as experiências dos outros, e isso tem que ser evitado. Novamente critico aqui a utilização excessiva das redes sociais e os danos que ela causa na deficiência da criatividade e na perda da autoestima. Se pudermos deixar o celular de lado por um tempo maior e nos dedicarmos a uma reflexão mais profunda sobre as razões pelas quais nossa vida não prospera de acordo com nossas medidas e não pela régua dos grandes influenciadores e personalidades mundiais, talvez encontremos respostas claras para uma mudança de rota na vida. Eu sempre brinco com minha esposa e filhas que não se pode ter tudo na vida, podemos ter muito, mas nunca tudo, é impossível. Nossa reflexão hoje é para que possamos entender o que significa sucesso em nosso *éthos*, naquilo que é próprio e particular em nossa vida. Aprender com os fracassos é definitivamente algo válido e aprendemos, sim, com eles, mas não podemos achar que não aprendemos nada com o sucesso também, desde que ele não venha custando um preço muito alto, cheio de egoísmo e falta de princípios éticos. Coisas que podemos aprender com o sucesso são: gratidão, compaixão, altruísmo, dignidade, honestidade e nobreza.

"

Os limites da nossa mente são apenas os limites da nossa imaginação.

— Albert Einstein

Um homem deprimido, viciado em drogas e álcool, vivendo em um apartamento sujo e bagunçado, olhando para a tela em branco do seu computador, tentando escrever algumas linhas de um livro que está prometido para a editora que, já impaciente, faz ameaças de quebra de contrato caso o livro não seja entregue em alguns dias. O homem sai para caminhar pelas ruas de Nova York, tentando buscar alguma inspiração para seu livro e também algum sentido para sua vida derrotada, quando encontra um outro homem, seu ex-cunhado, todo bem-vestido e exalando sucesso em seu olhar. Os dois vão para um bar onde conversam sobre a vida, enquanto tomam um drink qualquer. O ex-cunhado vê a aflição daquele homem e lhe oferece um comprimido transparente, que, segundo ele, irá transformar a sua vida. Ele guarda o comprimido, cético, mas curioso, despede-se do ex-cunhado e volta para sua vida miserável. Quando chega em casa, tira o comprimido do bolso, resiste ainda alguns minutos, mas sem pensar engole de uma vez a pílula transparente. Após alguns segundos, tudo começa a brilhar à sua volta, toda a preguiça e depressão se dissipam, ele levanta, começa a arrumar seu apartamento, lava as louças, joga o lixo, esfrega o chão, organiza seus livros e a sua mesa de trabalho. Olha para o computador, senta-se na cadeira e começa a escrever avidamente linhas e mais linhas oriundas de sua mente clara e criativa. No dia seguinte pela manhã, entrega o manuscrito na editora, que após algumas horas de prazerosa leitura retorna a ligação e pergunta com ansiedade quando o livro ficará pronto, já com outra tonalidade na voz, antes com impaciência e descrédito, agora com respeito. O homem passa a investir na bolsa, com uma incrível percepção das coisas e uma requintada habilidade para prever cenários financeiros, aprende várias línguas em apenas algumas horas e vê a sua mente se abrir, lembrando coisas que aconteceram na sua mais tenra infância, todas as palavras e ensinamentos que teve em seu passado. Ele faz inúmeras amizades, estabelece relacionamentos afetivos, passa a ser uma presença desejada em todas as ocasiões e causa interesse nas pessoas mais poderosas ao seu redor, todos querendo usufruir de seu conhecimento, suas sugestões e sua capacidade de comunicação. O passado estava enterrado e o homem deprimido tornara-se um raro exemplo de genialidade. Até que passou o efeito do comprimido transparente... Essa cena é apresentada no incrível filme *Sem Limites*, de 2011, com o ator Bradley Cooper no papel do protagonista Eddie Morra, o homem deprimido que encontra a pílula do sucesso e transforma sua vida empobrecida em algo inimaginável. Quando assistimos ao filme, não há como deixar de desejar essa pílula, experimentar seus efeitos, abrir os portais da nossa mente, utilizar todo o potencial do cérebro, estar habilitado para enfrentar qualquer situação, aprender qualquer coisa rapidamente, lembrar-se de tudo e de todos, antecipar cenários financeiros em grandes empresas, aprender línguas estrangeiras em apenas alguns dias e ser alguém que todos desejam por perto. Um ponto interessante do filme é que Eddie diz que muitas coisas que ele experimentava após tomar a pílula eram ensinamentos ou mensagens que ele ouvira quando criança, tudo estava lá, como um grande baú de informações, um *big data* pessoal que precisava apenas de uma chave para ser aberto e utilizado da melhor maneira. Certamente já ouvimos que nosso cérebro tem capacidades muito maiores do que as que utilizamos normalmente, há quem diga que utilizamos apenas 10% ou, no máximo, 20% de sua capacidade. Outro filme interessante sobre o mesmo assunto, estrelado por Scarlett Johansson, *Lucy*, de 2014, também aborda os desdobramentos da utilização total da capacidade do nosso cérebro. Claro que a ficção é preponderante nesses filmes e a tal pílula não existe, ou pelo menos não está disponível para a humanidade ainda, e devido a isso temos que seguir exercitando nosso cérebro para que ele se desenvolva naturalmente. Assim como nossos músculos, o treinamento constante é necessário para que isso ocorra, não há mágica, o esforço tem que ser contínuo, o famoso *no pain no gain*, muitas vezes atacado nos dias de hoje, considerado bruto e sem efeito, ainda tem sua validade comprovada. Ler, escrever, estudar, aprender outras línguas, meditar, tocar um instrumento musical, pintar, esculpir, qualquer atividade manual e artesanal, enfim, são muitas as opções que nos levam ao desenvolvimento cerebral. É por meio dessa atitude que chegamos à chave que abre o baú das informações que já estão guardadas em nossa mente e, aí sim, podemos ser criativos para utilizá-las na hora e maneira certas. A frase que inspira este texto é atribuída a várias personalidades, inclusive ao físico alemão, Albert Einstein. Ela sugere que nossa mente é capaz de ir tão longe quanto nossa imaginação permitir. Em outras palavras, a única coisa que nos impede de alcançar novos patamares mentais é a nossa capacidade de imaginar o desconhecido. Isso implica que, se pudermos expandir nossa imaginação e desafiar nossos próprios limites, poderemos ultrapassar barreiras mentais e alcançar feitos incríveis. Em resumo, a frase nos encoraja a explorar os limites de nossa imaginação para expandir os limites de nossa mente. Veja que "feitos incríveis" não quer dizer necessariamente ser um Elon Musk que reescreveu a história e matou a frase que costumávamos dizer: "foguete não tem ré". Vimos todos, boquiabertos, os foguetes modelo Falcon 9 da SpaceX de Musk, após serem lançados ao espaço, voltarem para a superfície do planeta Terra em marcha a ré. Não precisamos ser gênios da física, matemática, economia ou qualquer outra ciência para alcançarmos feitos incríveis. Comprar a casa própria pode ser um feito incrível, ou quem sabe casar-se com a pessoa amada, ou ler um livro, tocar uma sonata de Bach ao piano, aprender a dirigir um automóvel, nadar, emagrecer dez quilos, caminhar na praia ou quaisquer outras situações criadas por nós mesmos e por nossa incrível capacidade de sobreviver. A reflexão hoje é para que nunca paremos de exercitar nosso cérebro e nosso corpo para alcançarmos feitos incríveis, não há pílula mágica que faça isso, depende exclusivamente de nós. Não deixe que as telas de celular bloqueiem sua criatividade, seja você mesmo e não uma réplica daquele *influencer* famoso. Crie sua própria marca, mostre sua verdadeira identidade, única e exclusiva.

"

Uma forma insidiosa com que caímos na armadilha das aspirações é nossa reverência pelo perfeccionismo. Estamos convencidos de que essa qualidade é um sinal de caráter nobre.

— Daniel Klein, em *O livro do significado da vida*.

Temos aqui em casa uma cadela da raça Golden Retriever, a Ninna, que completa 6 anos agora no mês de agosto de 2024. Ela veio fazer parte da nossa vida, juntamente com a decisão de mudança total que tomamos em 2018, vindo morar no interior de São Paulo, na cidade de Vinhedo. Ela é nossa alegria, sempre pronta para demonstrar seu amor, não só diretamente a nós, mas a qualquer um que entre em nossa casa, não importa quem seja, ela não faz nenhum tipo de julgamento; sem qualquer tipo de comportamento seletivo, ela simplesmente se abre, abanando o rabo, sorrindo, oferecendo seu amado franguinho de borracha, convidando para uma brincadeira gostosa, já desde o primeiro momento do encontro. Além dos brinquedos favoritos, ela ama nadar e basta que veja algum de nós usando roupas de banho para que comece a respirar avidamente, ansiosa para que tiremos a cobertura da piscina e ela pule sem nenhum constrangimento, mergulhando e batendo as patas em um verdadeiro frenesi. Momento igualmente intenso é a hora de comer, duas vezes ao dia, sempre a mesma ração de mandioca, especial para cães de grande porte e com sensibilidade alérgica. Ao abrirmos o pote, ela já entra em estado de êxtase, como se fosse a primeira vez na vida que come algo tão maravilhoso. Como todos os cães, a Ninna se enche de alegria quando voltamos para casa, seja depois de um dia inteiro de trabalho, ou após quinze minutos ao chegarmos do supermercado para uma rápida compra, a felicidade é imensa, por vezes até chora, com gritinhos que saem de sua boca, demonstrando a emoção de nos encontrar novamente. Ela corre pelo jardim atrás das borboletas, late para as pessoas que passam por nossa rua, tira longas sonecas durante o dia e está sempre preparada para subir ao nosso quarto e dormir no tapete aos nossos pés. É uma companheira exemplar que não reclama, não exige nada especial além de carinho, atenção e cuidados. Ela é uma hedonista pura, busca o prazer e a satisfação como os principais objetivos da vida e não cobra nada por isso, somente o nosso amor. O caro leitor já deve ter escutado sobre o princípio filosófico da "navalha de Ockham", popularizada pelo frade franciscano Guilherme de Ockham, que sugere que, entre duas ou várias explicações ou resoluções para qualquer coisa, geralmente a mais simples é a correta, ou seja, ao tentarmos entender ou explicar algo, devemos evitar adicionar suposições desnecessárias ou complexas, por isso a simplicidade, na maioria das vezes, prevalece. Claro que há exceções, mas procurar adotar um pensamento simples é uma prática valiosa, assim como faz nossa amada filhota, Ninna. Vemos hoje pessoas que estão caminhando na direção contrária, sempre complicando tudo, adicionando questionamentos e definições que fogem à clareza, colocando problemas onde eles não existem, como dizemos popularmente, fazendo tempestades em um copo de água e sempre buscando a perfeição. Nossos filhos também são doutrinados dessa maneira; mesmo que inconscientemente, estamos pedindo a eles que sejam perfeitos, na escola, na casa dos amigos e no comportamento em casa. Há uma consequência para essa reverência ao perfeccionismo, como diz o autor e filósofo Daniel Klein, que a chama ainda de forma insidiosa, ou seja, algo enganador e traiçoeiro que faz com que desejemos sempre o melhor. Alto lá, não digo que esse é um comportamento ruim; sim, devemos sempre querer melhorar, mas veja que há limites, posso querer ser uma pessoa melhor, mais amorosa, compassiva, paciente, mas me refiro aqui a querer a perfeição, alguém irrepreensível que não comete nenhum equívoco na vida. Refiro-me também a querer as melhores coisas, a melhor casa, o melhor carro, o melhor celular, o melhor desempenho; o que vai gerar, certamente, insatisfação e falta de realização. Não há como obter tudo do melhor, porque sempre haverá algo ainda melhor pela frente, essa é uma verdade que deve ser compreendida e aceita. Esse pensamento de "o que vem depois" é danoso, nos faz perder o que está acontecendo em nosso presente, pois estamos focados no futuro e o deleite do momento atual se perde. "Se estamos sempre nos preparando para viver, nunca viveremos", disse o escritor e filósofo americano Ralph Waldo Emerson. Daniel Klein ainda diz em seu livro que as religiões sempre pregam a vida eterna, a qual nos espera no futuro, e que nossa vida aqui é uma mera passagem. Muitas pessoas anulam suas vidas por acreditarem que nosso tempo aqui é inútil, afinal, é meramente um prelúdio para nossa vida eterna ao lado de Deus. Mesmo respeitando as mais diversas crenças, não creio que deva ser assim, se estamos aqui é porque precisamos aproveitar nosso tempo, escrever nossa história, buscar a felicidade sempre e nunca desistir dela, preservando os valores de uma vida íntegra, valorizando o presente e aquilo que temos, desejando, sim, melhorar, mas sem aniquilar o dia de hoje, desejando, sim, coisas melhores, mas sem desprezar o que já temos. Que possamos aprender com o exemplo da Ninna, que enquanto escrevo estas palavras em meu computador está deitada aqui ao meu lado, aproveitando este momento de descanso e paz, sem se preocupar com o que vai acontecer daqui a dez minutos, ouvindo o ruído suave de meus dedos no teclado, respirando delicadamente e pronta para demonstrar todo o seu amor por mim, sem receber nenhum salário e sem se preocupar em ser a cadela mais perfeita do mundo. Ela simplesmente vive um dia de cada vez e aproveita cada momento da melhor maneira possível. Que sejamos assim também!

> Dominar-se a si próprio é uma vitória maior do que vencer milhares em uma batalha.
>
> — Sócrates

A frase que inspira este texto também é atribuída a Buda e a outros pensadores ao longo do tempo. É um aforismo popular e que, mesmo escrito de outras formas, nos remete à mesma reflexão: autocontrole. Se pudéssemos definir o que é essa capacidade, seria controlar as próprias emoções, impulsos e comportamentos em qualquer situação, ser capaz de resistir às tentações nos mais diversos cenários, lidar com o estresse e tomar decisões conscientes e responsáveis. Simples de entender e definir, mas extremamente difícil de se colocar em prática, basta pensar no motorista que lhe deu uma fechada irresponsável na avenida próxima a sua casa, quase provocando um acidente e despertando o incrível Hulk dentro de você, que proferiu palavras de baixo calão, fez gestos obscenos e por apenas uma fração de segundo ainda pensou em perseguir o indivíduo desajuizado e imprudente, para lhe dar uma lição de intimidação e vingança. Quem nunca, certo? Basta ler as notícias diárias para encontrarmos variadas cenas como essa, inclusive com adicionais de violência física e até assassinatos hediondos, provocados por motivos fúteis. O interessante é que, salvo poucas exceções, os agressores vingativos que acabam cedendo aos seus impulsos primitivos arrependem-se profundamente de seus atos, choram e pedem desculpas sem parar, normalmente falando que são pessoas pacíficas e do bem, mas que "foram tomadas por algum mal que as levou a cometerem a violência". Esse "mal" tem nome e sobrenome: falta de autocontrole. O exemplo aqui se estende a relacionamentos amorosos e familiares. Quantos crimes passionais absurdos de que tomamos conhecimento, pessoas de todas as idades e classes sociais que se frustram ou ficam inconformadas com o final das relações, ou com a complexidade delas, e partem para a vingança implacável, destruindo a vida de seus parceiros, tornando-se verdadeiros animais raivosos, aplicando todo tipo de crueldade contra o próximo e se arrependendo amarga, mas tardiamente, depois. O autocontrole também é demandado no trabalho, quando chefes e empresários pressionam suas equipes de colaboradores para que produzam mais, vendam mais e sejam mais eficientes em suas atividades, às vezes até usando torturas psicológicas e ameaças. Claro que, em casos extremos, a demissão é a alternativa mais correta, mas a pressão e a exigência pela efetividade fazem parte do trabalho e é preciso saber lidar com isso, devendo a serenidade e o autocontrole prevalecer na tomada de decisões importantes. Há também outros momentos nos quais o autocontrole tem que predominar e sua aplicação pode ser um desafio extremo. Todos lembramos do inacreditável relato dos garotos presos na caverna na Tailândia em 2018, uma história de coragem, superação e heroísmo. No norte da Tailândia, doze meninos, membros de um time de futebol juvenil conhecido como "Javalis Selvagens", juntamente com seu treinador, ficaram presos em uma caverna devido a inundações decorrentes das fortes chuvas durante um passeio exploratório. O desaparecimento do time de futebol desencadeou uma busca maciça e uma operação de resgate internacional. Os meninos e seu treinador enfrentaram condições extremamente desafiadoras, incluindo a inundação parcial da caverna, falta de alimentos e a ameaça iminente das águas subterrâneas. Após nove dias de intensas buscas, a equipe foi encontrada em uma área de refúgio dentro da caverna. O resgate desses jovens envolveu uma operação complexa, com mergulhadores especializados e equipes de resgate de vários países trabalhando juntos para trazer os meninos e seu treinador em segurança para a superfície. Após uma operação meticulosa e hercúlea, que envolveu a drenagem de água e o uso de equipamentos de mergulho, todos os membros do time foram resgatados com sucesso. Essa história emocionante destacou a resiliência dos meninos, a coragem dos mergulhadores e socorristas envolvidos, bem como a capacidade da comunidade internacional de se unir em tempos de crise. O resgate dos garotos presos na caverna na Tailândia é um testemunho do poder do espírito humano, trabalho em equipe e determinação em face de adversidades inimagináveis, momento no qual o autocontrole, principalmente do treinador, que soube manter a calma, orientar seus alunos a praticarem a meditação, enfrentarem seus medos, a fome e o terror daqueles dias intermináveis e sombrios. Há documentários que mostram de maneira dramática e com detalhes a operação de resgate em que os mergulhadores de cavernas, com sua experiência, mas principalmente com sua capacidade de se autocontrolar, foram capazes de operar um verdadeiro milagre naquelas cavernas. Como disse o filósofo grego Sócrates, o autocontrole não é tarefa simples, ele a define como uma vitória maior do que vencer milhares em uma batalha, fato necessário, pois o autocontrole salva vidas, evita conflitos, enaltece e amadurece as pessoas e traz harmonia e paz para a humanidade. A reflexão de hoje é para que enfrentemos, sim, nossas batalhas e conflitos diários, mas que saibamos dominar nossas emoções, medos e ira. O mundo precisa de equilíbrio constantemente, e controlar-se a si mesmo é uma prática mais do que necessária, sempre.

"

Mude suas palavras, mude seu mundo.

— Autor desconhecido; placa no Santuário de Nossa Senhora Desatadora dos Nós.

Hoje é Dia das Mães, e minha esposa, que é católica, me convidou para assistir à missa de domingo em uma igreja na cidade de Campinas. Tenho utilizado os finais de semana, no descanso do trabalho, para dedicar tempo escrevendo este livro. E ontem, sábado, já havia escrito o texto da semana, mas fiquei tentado a escrever mais um, quando sentado, nos bancos da igreja, olhei para as paredes e me deparei com essa placa com a frase que inspirou este texto. Um quadro com letras grandes e simples, com o desenho de um grilhão aberto bem abaixo delas, dando a ideia de que as palavras ditas de maneira errada, ou omitidas, podem aprisionar as pessoas e deixá-las confinadas e sofrendo em seu próprio mundo, ao passo que, se as mudarmos para algo favorável, seremos libertos dos grilhões e das algemas que nos encarceram na vida. Para mim, foi um lembrete poderoso de como as palavras e pensamentos podem impactar diretamente nossa realidade e a forma como vemos o mundo e como vivemos nele. Em um primeiro momento, pode vir à nossa mente o conceito de pensamento positivo, energia positiva que atrai "coisas boas", entretanto, não vejo assim de maneira tão simplista, pois essa ideia pode nos remeter à armadilha de que basta pensarmos positivamente e tudo será automaticamente transformado em nosso favor. Não é necessário somente pensar, mas devemos também agir para que o bem nos alcance, seja através do trabalho, das atitudes ou de nosso esforço. Nada cai do céu gratuitamente, tudo tem seu preço e cabe a nós construirmos nossa fortuna e nossa história. Há, todavia, um momento em que nosso empenho e dedicação não são suficientes, pois existem coisas que fogem ao nosso controle e não há como prever seus resultados. É nessa hora que as palavras podem ser um elemento sobrenatural poderoso. Pode-se chamar de sorte, bons agouros, energia positiva ou ação divina, cada um a define de acordo com suas crenças, mas há que se considerar sempre proferir palavras positivas. Negatividade é prejudicial, nunca leva a cenários favoráveis. Pessoas que constantemente repetem "eu não posso", "nunca vou conseguir", "isso não vai dar certo" e outras expressões pessimistas tendem a fracassar com mais frequência, ao passo que impulsionar seus pensamentos para cima e verbalizar termos otimistas ajudam no aumento da probabilidade de resultados virtuosos. Certas religiões estimulam seus seguidores a repetirem frases ou mantras que, durante suas rezas, orações ou meditações, elevam a alma e proporcionam bem-estar e positividade, mas nossa reflexão aqui é mais para o mundo real e suas perspectivas diárias. Seja positivo, profira palavras auspiciosas, acredite em um futuro promissor e deseje sempre algo melhor. Agora, aliado a esses pensamentos, trabalhe, estude, seja proativo e aja sempre com coragem e determinação. Eu e minha esposa Regiane acreditamos muito nisso, sempre olhamos para a frente com otimismo e, mesmo quando o cenário parece precário, nós seguimos verbalizando palavras promissoras. Negatividade não faz parte da nossa vida, e temos colhido os frutos dessa atitude. Quando eu li o quadro na igreja, confesso que divaguei um pouco enquanto o padre fazia sua ministração e me lembrei de uma história que aconteceu comigo quando iniciava minha carreira na área de marketing em uma empresa de tecnologia. Tínhamos uma rede de revendedores e canais de distribuição que precisavam de uma injeção de ânimo para que aumentassem as vendas de nossos produtos e, como parte da estratégia, criamos uma publicação semanal chamada "Clube do Líder". Era algo que não vemos mais hoje em dia, uma elegante pasta com capa em papel couché, gramatura alta e cores vibrantes, para a qual eu enviava semanalmente, via correio, a famosa e saudosa mala direta, um conteúdo para ser adicionado, duas ou três folhas com textos de incentivo, catálogos de produtos, explicações detalhadas sobre funcionalidades e mensagens com frases de efeito poderosas. Em uma delas, enviei algumas palavras que deveriam ser repetidas diariamente pelos vendedores, para que não perdessem seu ritmo e, cada vez mais, acreditassem em seu potencial para obterem sucesso e aumentarem seus ganhos. Era mais ou menos assim: de manhã me levanto para vencer, sou movido a metas e objetivos e o medo não me domina! Hoje, mais de trinta anos depois, me divirto com essa iniciativa e brinco com minhas filhas para que elas repitam isso também ao acordarem. Sim, palavras repetidas como mantras intermináveis são uma maneira ingênua de acreditar que o resultado virá de maneira positiva, mas palavras ditas com propriedade, com trabalho árduo e constante, podem, sim, mudar nosso mundo.

> Olhei para a minha direita e vi; mas não havia quem me conhecesse: refúgio me faltou; ninguém cuidou da minha alma.

— Bíblia, Salmo 142:4

Pedi ao meu querido pai que me dissesse uma frase, um aforismo para que eu pudesse incluí-lo em meu livro. Ele, como teólogo e um grande estudioso da Bíblia, me mandou esse versículo do Livro de Salmos. O comentário confesso que é um desafio para mim, afinal, um homem prestes a completar 89 anos, saudável e ativo em sua vida, começou cedo o trabalho com seu pai, fez uma pausa nos estudos, iniciou no ofício de sapateiro na cidade de Formiga, em Minas Gerais, onde ajudava na casa com o salário que ganhava, comprando inclusive roupas para os familiares. Aos 19 anos, voltou para a escola, terminou o ginásio, ganhou uma bolsa no Instituto José Manuel da Conceição, em Jandira, e enfrentou, com coragem e determinação, o colegial, entrou com honras na Universidade Mackenzie, passou em segundo lugar no vestibular e formou-se em matemática aos 30 anos, já iniciando a carreira como professor universitário, mesmo antes de se formar, graças ao seu desempenho eficiente. Seguiu na carreira, sempre estudando e se atualizando, professor empenhado e competente, pai de família dedicado e também pastor evangélico. Fez a faculdade de teologia em 2004 e mestrado em ciências da religião em 2014, prestes a completar 80 anos! Tenho muito orgulho dele e sei que, apesar de ser um exemplo para mim e para muitos, segue com sua humildade cristã. Enfim, voltando ao nosso texto, meu pai me disse que havia preparado uma mensagem baseada nesse versículo para pregar na igreja em um domingo. Durante o início do culto, o coral começou a cantar um hino inspirado exatamente nessa passagem da Bíblia, e ele se surpreendeu pela confirmação de Deus em seu coração, derramando lágrimas de alegria enquanto aguardava para iniciar a pregação. Afinal, o que nos diz esse versículo que tocou e ainda toca a alma de meu amado pai? Nesse trecho, o salmista se encontra em um momento de profunda angústia. Olhando para os lados, ele não encontra ninguém que o conheça ou se importe com sua dor. Sente-se sozinho e desamparado, clamando ao Senhor por refúgio e salvação. Essa cena, embora escrita há milhares de anos, ecoa com força no mundo de hoje. Em meio à agitação das grandes cidades e à constante conexão virtual, muitos se sentem isolados e solitários. A solidão se manifesta de diversas formas: na falta de contato genuíno com outras pessoas, no vazio de relacionamentos superficiais, na angústia de se sentir incompreendido ou ignorado. Assim como o salmista, podemos nos sentir cercados por pessoas, mas, ao mesmo tempo, profundamente sós. As redes sociais, que deveriam nos conectar, podem se tornar armadilhas de comparação e isolamento. A busca incessante por curtidas e *likes* nos afasta do que realmente importa: a conexão humana autêntica e significativa. No entanto, o Salmo 142 nos oferece um vislumbre de esperança. Mesmo em meio à solidão, o salmista encontra refúgio em Deus. Ele reconhece que, embora ninguém na Terra possa compreendê-lo completamente, o Senhor o conhece e o ama. Essa verdade o liberta da angústia e o fortalece para enfrentar os desafios da vida. No mundo de hoje, podemos encontrar o mesmo refúgio em Deus. Através da oração, da leitura da Bíblia e da meditação, podemos nos conectar com o Senhor e receber o Seu amor e consolo. A fé em Deus nos dá a força para superar a solidão e construir relacionamentos saudáveis e autênticos com outras pessoas. Lembre-se: você não está sozinho. Penso novamente em meu pai e nas razões pelas quais ele se identifica com essa passagem. Sei que ele, apesar da história de vida comprovadamente vitoriosa, passou por momentos em que se viu solitário, em que alguns proclamados "homens de Deus" o feriram na alma e o abandonaram, mas Deus sempre esteve presente e prevaleceu em todos os momentos da sua caminhada. Caro leitor, lembre-se de que Deus está sempre ao seu lado, pronto para ouvi-lo e acolhê-lo. Abra o seu coração para Ele e deixe-se transformar pelo Seu amor. Assim como o salmista encontrou refúgio em Deus, você também pode encontrar a paz e a esperança que tanto procura.

"

Portanto, agora nenhuma condenação há para os que estão em Cristo Jesus, que não andam segundo a carne, mas segundo o Espírito.

— Bíblia, Romanos 8:1

Da mesma maneira que pedi ao meu pai que me enviasse um aforismo preferido, ao que ele me enviou o Salmo 142:4, pedi também à minha mãe que fizesse o mesmo, afinal, não poderia deixar de aproveitar essa chance de incluir meus amados pais em meu livro. Ela, mulher de Deus e guardadora dos ensinamentos bíblicos, também me enviou um versículo, da carta de Paulo aos Romanos. Aqui, falando de minha querida mãe, vem à minha mente muitas lembranças de minha infância, histórias que até hoje ela gosta de contar, por exemplo, aquela em que um dia, em uma casa que morávamos em São Paulo, no bairro do Rio Pequeno, eu, então com 2 ou 3 anos de idade, simplesmente desapareci da vista de todos, dando início a uma procura desesperada. Depois de perceber que não estava mais em nenhum lugar da casa, ela começou a perguntar para os vizinhos; primeiro para uma família de japoneses, bem ao lado, dos meus amigos Clécio e Márcio, que viviam com os avós, o *ojisan* e a *obaasan*, que chamávamos de "dissan" e "batchian". Eu me lembro de ver o "dissan" em uma cadeira de balanço, em suas rezas, proferindo palavras em japonês que, apesar de não entender, me faziam rir. A segunda vizinha foi uma senhora espanhola, a dona Isabel, que eu chamava de "Babel" e, talvez, tenha sido a minha primeira inspiração para me aprofundar em línguas estrangeiras, pois quando algo estava quente eu dizia: está *caliente*, mamãe. Nada ali também, nenhum sinal de mim, o garotinho fujão. Tenho uma memória bem clara de onde eu estava, apesar de uma distância de mais de cinquenta anos. Havia uma obra ali perto da casa, onde uma máquina que me fascinava, uma escavadeira enorme e linda, da marca americana Bucyrus, que me hipnotizava assim que a mão mecânica descia, afundava na terra e trazia de volta uma enorme quantidade de terra molhada, cujo cheiro até hoje me vem à memória olfativa. Eu estava ali, com apenas dois anos, estudando cada movimento daquele monstro de muitas toneladas, que parecia mais um dinossauro jurássico agarrando as suas presas sem nenhuma possibilidade de fuga. Para mim, ele se chamava "Bicurus", e até hoje damos boas risadas quando lembramos dessa travessura. Minha mãe, entretanto, naquele momento não via nada de divertido, mas ainda seguia desesperada, com a adrenalina no nível máximo, sem saber mais onde procurar. Ela contou que, de repente, uma mulher, desconhecida no bairro, chegou em frente de minha casa de mãos dadas comigo, dizendo: seu filho está aqui. Eu, apesar de lembrar claramente do "Bicurus" e do cheiro de terra molhada da obra, não tenho nenhuma imagem em minha memória dessa mulher. Minha mãe diz que ela era um anjo que apareceu ali naquele momento de angústia para me salvar. Enfim, se era um anjo ou não, aquele dia foi o momento que bastava para que minha mãe tomasse a decisão definitiva de que precisávamos nos mudar para um apartamento, no qual o fugitivo mirim ficasse em segurança. Nós nos mudamos para a rua Apinagés, em Perdizes, em um prédio incrível, que tinha quintais enormes, onde brincávamos eu, minha irmã, meu primo Júnior e os amigos vizinhos. Mamãe estava mais feliz ali. Nunca mais saímos desse bairro, fomos depois de alguns anos para a Caraíbas e, finalmente, a Caetés, nomes indígenas das ruas íngremes e movimentadas do bairro das Perdizes, zona Oeste de São Paulo. Estávamos em 1976, os anos se passaram e minha infância e adolescência foram vividas nesse lugar, onde brincava com a turma na rua, jogando taco, tentando chutar a bola de futebol com os garotos, ganhei minha bicicleta Caloi 10 azul clarinha, na qual eu ainda deixava o menino fujão agir e pedalava com os meus parceiros no trânsito da avenida Sumaré, descendo a Brasil e indo até o Ibirapuera, onde íamos diretamente para a lanchonete do parque para nos refrescarmos com um litrão de Coca-Cola, naquelas garrafas de vidro que não existem mais. Voltávamos pelo mesmo caminho, fatigados, mas calados, para que as mães não nos pegassem no flagra. Da Caetés também partiam os ônibus da Pomptur, empresa de turismo que era contratada pelos vizinhos unidos, nos levando para Foz do Iguaçu, Rio de

Janeiro e Paraguai, atravessando a famosa Ponte da Amizade que liga aquele país ao Brasil, trazendo centenas de turistas que, assim como nós, com um largo sorriso no rosto, ostentavam orgulhosos as sacolas com produtos importados comprados na loja Monalisa por preços incríveis. Até que um dia, minha irmã se casou e saiu; poucos anos depois, eu me casei e saí; mas meus pais seguem ali, há exatos 48 anos, no momento em que escrevo este texto. Aliás, falando em texto, voltemos à reflexão sobre o versículo do apóstolo Paulo em sua carta aos Romanos. Uma analogia para os tempos de hoje poderia ser que, da mesma forma que ele exorta os crentes a viverem de acordo com o Espírito em vez de viverem de acordo com a carne, atualmente as pessoas são desafiadas a viverem de acordo com valores elevados e éticos, em contraste com a busca excessiva por prazeres materiais e imediatos. Isso pode se manifestar no compromisso com a bondade, o altruísmo, a empatia e a compaixão, em vez de se deixarem guiar apenas por instintos egoístas e desejos superficiais. Essa analogia ressalta a importância de viver em harmonia com princípios mais elevados, em contraposição a uma vida guiada pelo que é meramente mundano. Sei que minha mãe sempre guiou sua vida por esse princípio elevado, de estar em Cristo Jesus, em todos os momentos, como esposa e matriarca, sempre presente e participante, sem se esquivar de sua responsabilidade, mesmo nos tempos mais difíceis. Hoje, eu e minha amada irmã somos gratos a ela por ter nos mantido no caminho correto; mesmo não entendendo naqueles tempos os castigos que recebíamos quando cometíamos nossas travessuras, sabemos agora que eles foram feitos com amor, para nos ensinar nas escolhas que a vida nos demandaria no futuro. Agradeço à minha mãe por seu amor e dedicação e sei que Deus irá recompensá-la ainda mais por isso.

"

Não há como adivinhar ou prever o que traz felicidade; topamos com ela por acaso, num momento de sorte, em algum lugar próximo ao fim do mundo, e nos agarramos a ela, esperando que perdure, assim como nos agarramos à bem-aventurança e à fama.

— Willa Cather

E agora? Como ficamos? A escritora americana Willa Cather, autora de vários romances de sucesso, ganhadora do prêmio Pulitzer, durante um tempo que morou no vilarejo francês chamado Lavandou soltou essa frase que inicialmente frustra quem segue investindo seu tempo, suas ações e habilidades na busca pela felicidade. Em resumo, esqueça qualquer ideia de controle sobre encontrá-la, não há como adivinhar ou prever nada, ela aparece por acaso, em um momento de sorte! Mas espere que ainda fica mais complicado... Essa frase é a primeira referência do livro *O que nos faz felizes*, do psicólogo e professor de Harvard, o americano Daniel Gilbert. É preciso respirar fundo, esquecer tudo o que se aprendeu até agora sobre o assunto e mergulhar de cabeça na leitura desse livro incrível, que desvenda os mecanismos da mente que nos impedem de alcançar a felicidade plena. Através de pesquisas e exemplos práticos, ele demonstra como nossa mente nos leva a previsões erradas sobre o que nos trará alegria e satisfação. Os pontos principais são:

Ilusões da mente: Gilbert explora as falhas da nossa intuição, que nos leva a superestimar a importância de eventos futuros e subestimar a capacidade de adaptação a situações negativas. Acreditamos que certos acontecimentos, como um novo emprego ou um carro novo, nos trarão felicidade duradoura, mas a realidade é que a felicidade se adapta rapidamente ao novo normal.

A armadilha da comparação: a busca pela felicidade muitas vezes nos leva a comparações com os outros, criando um ciclo de insatisfação. Ignoramos as nossas conquistas e nos focamos no que nos falta, alimentando a crença de que a felicidade está sempre fora do nosso alcance.

A felicidade no presente: Gilbert propõe que a chave para a felicidade reside na apreciação do presente. Em vez de perseguir metas inatingíveis ou nos comparar com os outros, devemos cultivar a gratidão pelas coisas boas da nossa vida e aprender a encontrar prazer nas pequenas coisas do dia a dia.

Falando ainda nas tóxicas redes sociais, quando nos comparamos com os influenciadores "perfeitos", vendo fotos de viagens luxuosas e momentos felizes com muitos amigos, somos levados a sentir inveja e insatisfação com nossas próprias vidas. O que sobra na realidade é uma falha na busca incessante pela felicidade, e isso pode ser um caminho para a frustração. Ao perseguir metas inatingíveis e nos comparar com os outros, criamos expectativas irreais que nos impedem de aproveitar o presente e apreciar o hoje, o agora, exatamente como ele é. Gilbert nos convida a repensar nossa definição de felicidade e a buscar a alegria nos pequenos momentos do dia a dia, cultivando a gratidão e aproveitando o presente com mais intensidade. Volta o pensamento imediato, mas errado, de que isso nada mais é do que outro clichê barato, de que devemos nos conformar com nossa vida, com o que temos, e tentar achar a felicidade aí. Não necessariamente, devemos, sim, valorizar o que temos e o que conquistamos, mas é claro que sempre devemos seguir na busca de algo maior, isso é válido e saudável, desde que não nos traga fadiga, frustração e ansiedade. A reflexão é, novamente, sobre o equilíbrio na vida, é como dançar harmoniosamente entre os altos e baixos, encontrando estabilidade mesmo diante das incertezas e buscando paz entre as diferentes áreas que compõem nossa existência. Siga nesse rumo e certamente irá topar com a felicidade por acaso, num delicioso momento de sorte.

> Que estes sejam os objetos de tua meditação comum: considerar qual tipo de pessoa, tanto quanto à alma como ao corpo, deves ser no momento em que a morte te surpreender.

— imperador Marco Aurélio, no livro *Meditações*.

Finalmente chego ao final do meu livro. Foram anos de ideias, expectativas, marca-textos em meus livros favoritos, pausas nos filmes e documentários que me marcaram ao longo dos anos para escrever as frases que tiveram algum impacto em minha vida, inicialmente no bloco de papel e depois nas anotações do celular. Muita ansiedade e desejo de vê-lo em minhas mãos e finalmente completar o dito popular: "na vida, temos que ter um filho, plantar uma árvore e escrever um livro". A frase é comum e até piegas, mas tem um sentido interessante, "ter um filho" é dar continuidade à vida, ao seu legado, suas histórias, às lembranças que existirão, doces ou amargas. Tive duas filhas maravilhosas, minha primogênita, a Bettina, e a raspinha de tacho, como chamamos os filhos da maturidade, a Vittória, as irmãs "TT", que se divertem com a semelhança da grafia de seus nomes e a cada ano que passa ficam mais parecidas em todos os sentidos. "Plantar uma árvore" vai refletir nossa preocupação com o planeta e com o meio ambiente, tão maltratados por nossa explosão populacional, nossa ganância e nossos hábitos danosos. Minha parte eu fiz em minha casa, meu paraíso em Vinhedo. Contei a história aqui no texto inspirado pela frase de Forrest Gump: "A vida é como uma caixa de bombons de chocolate. Você nunca sabe o que vai encontrar". Que bombom delicioso esse que encontramos nesse lugar, uma casa que alegra e conforta a todos que colocam os pés nela, todos os dias eu agradeço a Deus por esse presente maravilhoso e o que essa casa faz de milagres na minha vida. Quando compramos a casa e ainda não nos havíamos mudado, plantei uma muda de limão-siciliano, para nos remeter à nossa amada Itália, que tanta alegria nos trouxe nas passagens por lá em viagens inesquecíveis. Essa pequena muda, hoje, é um limoeiro frondoso e frutífero, produz limões maravilhosos e completam o cenário de nosso jardim. Finalmente, "escrever um livro", o que faltava para que eu pudesse expressar meus pensamentos em uma criação intelectual. A experiência foi fenomenal, lembrei de cenas que estavam adormecidas em minha mente, chorei ao lembrar de passar tardes de sábado deliciosas com meu pai na Universidade Mackenzie, em suas impecáveis aulas de cálculo, às quais eu assistia nas cadeiras do fundo da sala, com meus pés voando sem alcançarem o chão, um garotinho ali, fascinado por seu pai herói. Pude dividir a história da Maria Eugênia, minha tataravó africana, raptada aos 12 anos em Moçambique e trazida escravizada para o Brasil, que experiência! Como foi emocionante escrever a história de meu sobrinho Daniel, autista, que nos fez amadurecer como família, nos fez mais amorosos e compassivos. Livros, muitos livros que passaram por minhas mãos e me marcaram, de alguma maneira estão presentes aqui: Saramago, George Orwell, Kafka, Mandino, Camus, Harari e muitos outros autores e filósofos cujos pensamentos enriqueceram minha vida. Ao reler os textos eu vejo que sempre há algo comum entre eles, seja qual for o tema: equilíbrio. Quando ficamos mais velhos e experientes, vemos que o mundo é atacado por posições extremistas, não só na política, mas em tudo. Não há meio-termo, há definições e rótulos para tudo, seja passivo, seja proativo, seja bonzinho, seja implacável, seja rico, seja pobre, seja altruísta, seja egoísta, infinitas estratégias de vida que são antagônicas e, constantemente, se confundem em seus objetivos. Vejo pessoas perdidas, principalmente os jovens, que são bombardeados por informação a cada segundo, não há tempo para absorver e refletir. As mentes estão sendo educadas a visualizar mais do que qualquer outra coisa, vídeos de poucos segundos, aos milhares, são exibidos para ensinar, doutrinar e provocar. Ninguém tem mais paciência com nada, tudo tem que ser curto e objetivo. Tudo é certo e tudo é errado. Onde nos perdemos? O que aconteceu com a análise, com a epistemologia, que nos remete à compreensão de como e por que acreditamos no que sabemos, analisando a natureza e a validade do conhecimento? Os jovens repetem o que veem nas telas de seus celulares, simplesmente assim, se todos estão fazendo, também vão fazer, independentemente de gostarem ou não, de concordarem ou não. Sei que não vou mudar o mundo e nem meu livro tem a pretensão de fazê-lo, mas se pelo menos um destes textos falar com alguém e produzir uma mudança positiva, eu me darei por satisfeito. Termino com a frase do imperador romano Marco Aurélio, que ficou mais famoso por seu legado filosófico, baseado no pensamento estoico, do que por suas conquistas militares e políticas. Ele nos faz pensar no momento de nossa morte, aquela que virá para todos nós, sem exceção, não há como fugir dela. Quem já passou pela experiência de perder algum ente querido próximo sabe o que significa essa frase. Qual o legado que deixaremos ao morrer? Seremos lembrados por nosso perfil amoroso ou por nossa intempestividade? Por nossos ensinamentos ou por nossas reclamações? Por nossa coragem ou por nossa covardia? Ou ainda, mais importante, seremos sequer lembrados? Eu quero levar o meu tempo por aqui buscando sempre o equilíbrio, quero continuar aprendendo, sempre, até o meu último suspiro, seja lendo um livro, seja observando a natureza, seja na reunião de trabalho, na caminhada, no trânsito ou ao acordar pela manhã. Tudo na vida tem um ensinamento, basta estarmos atentos para o que vai ser apresentado hoje. Que você seja feliz como eu sou.

FONTE Geller, Gill Sans, Minion Pro
PAPEL Pólen Natural 80g/m²
IMPRESSÃO Paym